在悠久的歷史長河中

不到一百年的三國時代

卻是一頁波瀾壯闊

令人激動不已的亂世華章

鴻文館文化工作室　策劃

黃景強　監製

三國傳真

東漢衰落與群雄競起

第二冊

陳萬雄

李鈞杰　劉集民

編著

編著助理

鮮卑

匈奴

匈奴

酒泉郡

張掖郡

匈奴

武威郡

燒當羌

唐旄

西羌

東羌

金城郡

安定郡

白波谷

隴西郡

韓遂馬騰

漢陽郡

河東郡

李樂
胡才

郭汜

李傕

左馮翊

京兆尹

弘農郡

右扶風

白馬羌

武都郡

氐

漢中郡

張魯

發羌

大牂等羌

廣漢郡

犛牛羌

蜀郡

劉璋

犍為郡

巴郡

南郡蠻

越巂郡

牂牁郡

鮮　卑

烏桓　遼西鮮卑　烏桓　遼東鮮卑

高句麗

玄菟郡

遼東郡

公孫度

樂浪郡

上谷郡　漁陽郡

廣陽郡　公孫瓚　右北平郡

涿郡

中山國

河間國　勃海郡

下曲陽

常山國

太原郡

巨鹿郡

平原郡

東萊郡

袁紹

廣宗

齊國

北海國

趙國

倉亭

濟北郡

上黨郡

魏郡

泰山郡

臧霸吳敦
尹禮昌豨

壽張

張楊

東郡

魯國

琅邪國

河內郡

山陽國

濟陰郡

陽⊙
南尹

官渡

曹操

陳留郡

梁國

彭城國

東海郡

呂布

下邳國

潁川郡

西華

陳國

沛國

張繡

陽郡

汝南郡

九江郡

廣陵郡

京口

袁術

廬江郡

丹陽郡

吳郡

會稽郡

孫策

劉表

江夏郡

南郡

赤壁

劉繇

豫章郡

陵郡

長沙郡

武陵蠻　長沙蠻

⊙　都城
●　其他地點
　　羌人起事波及地區
　　黃巾軍主要影響區域
呂布　漢末軍閥割據勢力

王朝

秦朝
公元前 221 年—前 206 年

西漢
公元前 202 年—公元 8 年

新朝
公元 8 年—23 年

東漢
公元 25 年—220 年

三國
公元 220 年—280 年

西晉
公元 266 年—316 年

皇帝

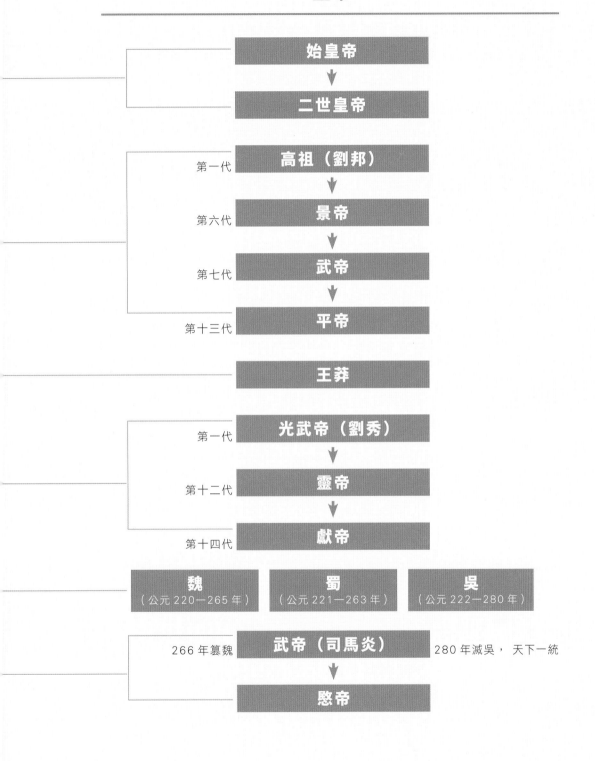

始皇帝

↓

二世皇帝

第一代 **高祖（劉邦）**

↓

第六代 **景帝**

↓

第七代 **武帝**

↓

平帝

第十三代

王莽

第一代 **光武帝（劉秀）**

↓

第十二代 **靈帝**

↓

獻帝

第十四代

| **魏**
（公元 220－265 年） | **蜀**
（公元 221－263 年） | **吳**
（公元 222－280 年） |

266 年篡魏 **武帝（司馬炎）** 280 年滅吳，天下一統

↓

愍帝

總序
亂世華章・百年三國

〈一〉何以「三國」

　　距今接近 2000 年前的「三國時代」[註一]，是最為人熟悉的一段中國歷史。其中的不少人物和事件，都耳熟能詳。在悠久的中國歷史長河中，不到百年時間的三國時代，不過一瞬間而已。三國時代，政局動盪，社會紛亂，民不聊生，是名副其實的「亂世」。但是，這不到百年時間的「三國」，波譎雲詭的政局，驚濤駭浪的戰爭，豐富多彩的文化，輩出的英雄俊彥，驚心動魄的逞強鬥智，儀態萬千的人物行狀，是歷史上所罕見的。

　　一說「三國」，一般人容易混淆了「三國歷史」、《三國志》和《三國演義》三者的關係。「三國歷史」，是中國歷史上的一個時期；《三國志》，是一部史學名著；《三國演義》，是一部文學作品。

　　不足百年的三國歷史，竟讓大眾有莫大的興趣，喜聽樂聞，除了歷史自身的波瀾壯闊外，應歸功於陳壽的《三國志》與羅貫中的《三國演義》。《三國志》與《三國演義》二書雖然性質不同，在傳播三國歷史方面卻同樣起了很大的作用。前者是一部歷史著作，屬著名的史學經典「四史」之一。後者是一部歷史小說，屬古典文學的著作，乃中國著名「四大小說」之一。陳壽的《三國志》，部頭雖然不大，卻精簡可讀，被譽為良史。正如近代著名學者白壽彝先生評論的，陳壽對於三國歷史，有一個總攬全局的看法。軍事、政治及人世三層架構並重，氣宇宏大，引人入勝。加上為《三國志》作註釋、文字等量的「裴松之註」，在史料的增補、

（註1）　　「三國時代」是指東漢末年到西晉間的一個歷史時期。由於理解上的不同，對「三國時代」年份的起始，有不同看法。

辨證、存異、評議等方面，為《三國志》作出了卓越的貢獻。同時，裴松之的註釋，為後世的研讀者，增添了對三國歷史可辯可議、可考實可附麗的空間。

　　至於作為歷史小說的《三國演義》，也正如清代著名史學家趙翼所指出的，它是在《三國志》和裴松之註釋的基礎上，以七分的歷史真實，以三分的虛構誇飾敷衍而成的。三國的故事，先以「說書」等形式在坊間流傳，最後演變而成羅貫中撰寫的《三國演義》，其源有自，這裏就不細說了。受流行了幾百年的《三國演義》的影響，以至社會上的大多數人，自覺與不自覺，會將三國歷史與小說演義混同起來。

　　歷史上，在中國、日本和韓國，同樣出現過一些飽學之士，應科舉的學子，竟以《三國演義》的故事去附會三國真實歷史的情況。能釐然知道兩者之間的異同差別，分別看待，只能是一些歷史專家。由此可見《三國演義》與《三國志》兩者之間的密切程度，也反映了《三國演義》對社會大眾認識三國歷史，影響的深遠。鑒於情況普遍，近年中、日、韓關於三國的新著作，常常要對涉及《三國演義》容易混淆的情節，予以澄清和說明。

〈二〉 千年的「文化現象」

　　中國的歷史與典籍，論傳播之久遠，流通之廣泛，讀者之眾多，時代生命力的煥發不斷，三國歷史和三國故事，相信是無出其右者。

　　「文化現象」，是指社會上一時浮現的文娛熱點。三國歷史和《三國演義》廣泛地流行了近 1500 年，至今不衰，駸駸然一直是社會的文娛熱點，是名副其實的千年「文化現象」。中外都有流傳千年甚至是幾千年的經典，「流傳」與「流行」是不同的。

　　「三國」之流行：形式豐富，見於各類圖書、舞台歌劇、影視網絡、動漫遊戲等，應有盡有；內容層次很多元，遍及學術著述、文化知識、通俗讀物、童書漫畫，適合不同程度的讀者。「三國」和《三國演義》的風行，不拘限於中國人和華人的地區，也風行於歷史上曾深受中國文化影響的韓、日等國。日、韓兩國關於三國的著作和各種媒體的出品，歷久不衰，甚至不亞於中國。因而，中、日、韓關於「三國」的各類文化娛樂產品的創作，源源不絕，蔚然成為「東亞三國」豐富多彩、令人目不暇接的「文化產業」。

〈三〉 「三國」的魅力

由「三國時代」、《三國志》和《三國演義》三位一體的組合，所以能打造出流行千年的「文化現象」，歷久常新，感動不同時代的人們，最大的魅力是三國是歷史的，同時也是現世的。閱讀和認識三國，固然是閱讀和認識這一段歷史；同時，從中可用作觀照當今的世態與人情。距今接近 2000 年前的「三國」，透過《三國志》和《三國演義》的演繹，讓我們不同程度地洞悉了幾許世變的軌跡，人情世故的意蘊；體會到宇宙人間，隱然有不變的道理存乎其間。這就是歷史的魅力，也是三國時代和《三國演義》最引人入勝的地方。

歷來中外之讀習三國，常視為政治、軍事權謀韜略的最佳教本。滿人入關前，已將《三國演義》翻譯成滿文，供軍中武將廣泛閱讀。創建日本德川幕府的德川家康，留贈給他兒子的書籍中，就有《三國志傳通俗演義》。同時幕府中樞紐人物，都熟讀此書。二十世紀末出現的「管理社會」，「三國」和《三國演義》應運而生，一時成了政、管的教科書。其實，「三國」之可古為今用，價值遠遠超越軍、政、管的範圍；真實的三國歷史所蘊藏可透視古今的價值，也遠過於作為歷史小說的《三國演義》。

儘管《三國志》、《三國演義》與「三國時代」性質不同，但是貫通三者的共通地方，是透視出超越時空的人情和世態的特點。認識人情和世態，是人類文化的永恆課題。「三國」是宏大而充滿魅力的人世間舞台劇，如果我們能更多從人生價值和認清世態的角度，去解讀三國，足可以豐富我們對人世的認識，提升我們的智慧，增益我們的人生閱歷，甚至啟發我們人生價值的取捨。

〈四〉 何以「傳真」

「三國」是一個以戰爭為榮辱、決生死的年代。所以近 100 年的局勢的發展，如「官渡之戰」、「赤壁之戰」、「漢中之戰」等等，都與戰爭息息相關。甚至一場戰爭的結果，就足以成為扭轉局面的轉捩點。所以說主導三國百年局勢的發展，是戰爭！根據方北辰先生的研究，「整個三國時期的 90 年間，……參戰雙方出動兵力總計在五萬人左右的大型戰役，以及明顯在五萬人以上的特大型戰役，就有九十二次之多，真可謂年年有大戰，歲歲有烽煙，至於中小型

戰鬥，多得更難以計數。」（方北辰《精彩三國》）

因此，在三國時期這樣的戰爭年代，爭雄競霸，呈謀鬥勇，是時代的主調。也就造成如近代作家孫犁所說，以三國為「謀士以其為智囊，將帥視之為戰策」特點。本書的編撰，亦以戰役為演繹全書的主要脈絡。這樣的編排，並非因循，而是遵遁三國時期的歷史性質。三國時期是一個戰爭的年代，戰爭是其歷史的特徵，但戰爭卻非三國歷史的全部。三國這段歷史，在中國歷史的發展長河中，其歷史意義，遠過於此；歷史的作用，遠大於此，可惜常為人們所忽略。

首先，三國時代雖然不足百年，卻是中國歷史發展上的一大轉型期，其大轉變遍及政治經濟、文化思想、科技藝術等多方面。近年中外學者，甚至認為三國時期，是開中國日後歷史發展趨向統一新形態的源頭。此書的內容結構，以戰爭為脈絡外，我們嘗試以不同的形式，適當地展現三國時期多元的歷史意義。

其次，三國中出現的各式人物，是一本「人物誌」，呈現出千古以來的「人世間」的眾生相。上智下愚，賢與不肖，幾應有盡有。「鑒古知今」，豈限於歷史事件而已。「人世間」的百態千貌，何不然耶？！《紅樓夢》的作者曹雪芹說過，「世事洞明皆學問，人情練達即文章」，《紅樓夢》所以令人百讀不厭的魅力在此；三國之所動人，也在於此。

再是，時代的變遷，歷史的腳印，日益湮沒，留下的痕跡，日漸模糊，環境不復舊觀。我們認識歷史，主要是通過文字的記載和描述，加點想像。感覺歷史、感受歷史、體驗歷史，對深切認識和瞭解歷史，是很重要的。傳世和出土文物、遺址勝跡、歷史事件發生的山川環境，都是後世人，認識和瞭解歷史的重要途徑。雖謂「滄海桑田」，相對於其他的歷史年代，「三國時期」在這方面是幸運的，尤其遺址勝跡、山川形勝，不少仍「百戰山河在」。無疑這是得益於「三國」故事及早並普遍在社會大眾傳播的福蔭，以致後代有關「三國」的實跡實景，口耳相傳的傳說是較多的。本叢書所以稱之「傳真」者，是盡量搜集文物、遺址古跡、山川形勝的圖像，並繪製各式地圖、復原圖等，以期還原三國的歷史現場，增加實感，讓讀者更有興趣、更好認識和瞭解「三國歷史」。

目錄

掃瞄 QRcode 觀看戰
事短片及多媒體材
料，感受真實三國！

第一章

王綱解紐

全國紛亂

3 距今約二千年前的中國東漢王朝，晚期朝政敗壞，全國陷於紛亂。以致「王綱解紐」，中央失控，造成地方的割據，進而演變成相互兼併、討伐，出現「逐鹿中原」的局面^{（註1）}。中國歷史上便進入一段亂世——三國時期。雖然是亂世，但在這不到一百年的歷史間，卻是一頁波瀾壯闊、令人激動不已的亂世華章。

（註1）　「王綱解紐」一詞最見於《晉書》，是指東漢末年，中央王朝綱紀鬆懈，無法制約地方勢力的狀況。「逐鹿」一詞最早見於《史記‧淮陰侯列傳》的「秦失其鹿，天下共逐之……」形容秦帝國崩潰，天下諸侯競起，以爭奪天下，恍如在狩獵場中追逐獵鹿的狀況。

具中國皇朝
衰亡特徵

上承西漢（公元前 202 年—公元 23 年）的東漢王朝（公元 25 年—220 年），是中國歷史上的大一統王朝，享祚近 200 年。光武帝劉秀創立了東漢，再傳之於明、章兩帝，三個朝代的文治武功，甚為可觀，被譽為中國歷史上的治世。中國王朝歷經二、三千年發展，總是興亡循環，而朝代之所以衰亡，亦各有因由。東漢王朝衰落的一個明顯原因，是到了中、晚期，「諸帝多不永年」（《廿二史劄記》）。從第四代皇帝和帝開始，一直到靈帝，接連的九位皇帝，壽命都很短促，竟然無一活過 36 歲；平均的壽命，也不到 20 歲。九位皇帝中，殤帝、沖帝和質帝享壽分別只得二、三和九歲。由於皇帝的短命，東漢到了中期，朝廷政局已變得不穩定。

百年之久的王朝，自身亦日漸滋生出各種弊端。由於朝廷內部的不穩與紛爭，面對這些弊端，繼位的幼主不僅無從解決，反而令弊端變本加厲，終成沉痾。清朝著名的史學家趙翼，對於東漢皇帝短命的這種現象，歸咎於「氣運所致」。這種說法，無疑是一種說不出理由的理由，未免說得玄虛，是趙翼出於對開國僅享三朝昇平之治的東漢的惋惜，而生此無奈的慨歎！

歸根到底，封建王朝皇位繼承體制的先天缺陷，以及宮廷生活的奢華淫靡，是諸帝不永的重要原因。皇帝短命，是中國皇朝一種具遺傳性的衰亡特徵。不僅在東漢，東漢之前的西漢及之後的魏晉時期，同樣都出現皇帝短命的現象。西漢元帝及成帝，皆無子嗣，也由皇室旁系子孫入繼皇位。到了西晉，繼承皇位的也多屬幼主，而且大多是由外藩入繼。西漢與西晉都因為皇位繼承人的短命，造成了朝局的動蕩不安。大小權位的繼承，是中外古今，最難解決的大問題。即使到了現代，不少國家與眾多的企業和社團，總擺脫不了因權位承繼而出現不同形式的鬥爭，因鬥爭而終致衰落。或許，這是人類歷史和社會發展，長期動蕩不穩的其中一種的宿命。

中國的王朝時代，皇帝短命最直接的影響，是造成了外戚和宦官這兩種人擾亂朝政。外戚和宦官的亂政，從秦朝以來，以迄中國最後的一個王朝——清朝的覆滅，足足存在了二、三千年，幾乎與中國歷史的王朝體制相終始，只是各朝代亂政之程度不同而已。東漢是中國歷史上，外戚和宦官為禍最烈的朝代；這也是造成東漢中、後期，桓、靈二帝以後政局的不穩、朝政日壞的根源，晚期更直接觸發了「黨錮之獄」與「黃巾之亂」，促使東漢王朝的分崩離析。

外戚宦官
亂政百年

　　東漢諸帝多不永年，繼位者又年幼；不少更因皇帝斷嗣，而要另立皇室的旁系子弟繼位。皇室與繼位者之間的關係，自然變得複雜，也容易惹起繼位者背後的人事和權力的鬥爭。東漢的皇帝由旁系繼位的，有安帝、質帝、桓帝和靈帝四位。因皇帝年少，先後也出現由竇氏、鄧氏、閻氏、梁氏、另一位竇氏和何氏六位太后，由內宮走出外朝，臨朝聽政。

❀ 西漢與東漢 ❀

西漢和東漢，是中國歷史上承接着秦大帝國之後的兩個朝代。西漢是由漢高祖劉邦（公元前256或247年—前195年）所建立的，首都在長安（今陝西西安）。東漢是漢光武帝劉秀（公元前6年—57年）所建立的，首都在洛陽（今河南洛陽市）。後世以所處的地理位置，長安位於洛陽的西面，故稱「西漢」。洛陽位於長安的東面，故稱「東漢」。西漢和東漢皇室皆劉姓，有血緣相承的關係。因此也稱之為「前漢」和「後漢」，合稱「兩漢」。兩漢在中國歷史上，是大一統的帝國時代，與歐洲歷史上的東西羅馬帝國，在時間上和大帝國的形態上，頗為相近和類似，在世界歷史上，東西輝映。

兩漢時期，都曾出現過輝煌的盛世，共享國祚達四百年。東西漢之外，此後中國歷史上亦出現了不少以「漢」為名的政權。如三國時的「蜀漢」、南北朝時期的「成漢」、五代十國時期的「北漢」及「南漢」等。並由兩漢衍生出「漢族」、「漢人」、「漢文化」、「漢字」、「漢語」及「漢服」等名詞，沿用到今日，甚至是中國的代名詞。由此也反映了漢代在中國歷史和文化上是何等的重要。

| 長安及洛陽位置圖 |

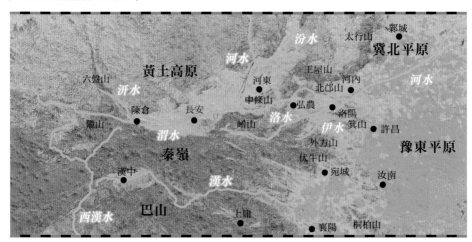

繼位皇帝，年紀既小，又是旁系出身，實際權力自然容易為皇太后所把持。而繼位的幼帝，不管直嗣還是旁系，皆成長於禁宮之中，與外隔絕，又撫育於庸愚婦人和太監之手，生活天地狹小，不曉世情，更不用說民間的疾苦了。長大之後，容易成為世間上俗語所謂的超級「二世祖」，或現今大家掛在嘴邊的超級「富二代」。

王朝宮禁森嚴，在宮殿內最能親近小皇帝的自然是外戚和宦官這兩種人。外戚和宦官為了爭權和奪利，都要把持小皇帝。這兩種人就容易形成兩股互相抵制、對抗和打擊的勢力，干預朝政。大多數的宦官，教養低下，生理和心理扭曲；而大多的皇太后、皇后及姬嬪，生活圈子狹隘，終日纏繞於日常的是是非非。兩者都是只圖眼前的權位、利益和意氣，鈎心鬥角，不擇手段，少有政治理念可言。

虐遍天下
民不堪命

東漢中、晚期外戚與宦官的鬥爭，此起彼落，往還不息。結果，不僅敗壞了朝政，也禍延全國。尤其是宦官當權時，其親戚爪牙，滿佈各地，仗勢盤剝，兼併土地，殘民以逞。史學家趙翼指出了東漢的一種政治現象，說：「唐、明閹寺（宦官）先害國而及於民，東漢則先害民而及於國。」每當東漢的宦官當權，情況如趙翼所描述的：「天下仕宦，無一非宦官之兄弟姻戚。窮暴極毒，莫敢誰何。」（《廿二史劄記・卷五・後漢書》）東漢中、晚期的幾代帝王，宦官為禍的熾烈，如出一轍，罄竹難書。這裏只舉一個例子，足可見到宦官的暴烈與殘民的情況。

靈帝時的大宦官侯覽，前後奪人住宅 381 所、田地 118 頃，用以建築廣達 16 個區的私人第宅，每區第宅都有高樓、池塘和苑囿。建築規格甚至敢僭越規定，近於皇宮。又預先為自己修建了陵墓，陵墓石椁雙闕，高廡百尺。他又隨意破壞居屋，挖掘人家墳墓，搶奪民妻，擄掠婦女，到了肆無忌憚的地步。所以東漢中、晚期，宦官「虐遍天下，民不堪命」。

❀ 漢光武帝 ❀

漢光武帝劉秀享年 62 歲，字文叔，南陽郡蔡陽縣（今湖北襄陽棗陽市人），漢高祖劉邦的九世孫、景帝的後裔，王莽天鳳年間在長安為太學生。王莽末年，天下大亂，兄劉縯（字伯升）起事，要光復漢室。劉秀便在南陽舉事以響應，時年 28 歲。後兄弟二人輔助族兄劉玄稱帝，是為更始帝。兄縯因為更有聲望，而為更始帝嫉妒，借故處死。劉秀忍辱負重，得更始帝的信任，後授以破虜大將軍的職位，到北方綏靖各地。獲得如此機會，劉秀得以發展自成一方的勢力。公元 25 年在「諸將固請」與應《赤伏符》天命」的情況下，劉秀稱帝。雖然稱帝，但是直到十一年之後的公元 36 年，才最後剿滅割據四川成都的公孫述，統一全國，建都洛陽。以「中興之主」復興西漢為目標，建立起東漢王朝。光武帝兼資文武，智略威德兼備，屬一代雄主，在中國歷代帝王中，文治武功，也甚為後世所讚許。

| 東漢帝王系年表 |

1 光武帝 劉秀
在位年份：25-57

2 明帝 劉莊
光武帝子
在位年份：57-75

3 章帝 劉炟
明帝子
在位年份：75-88

4 和帝 劉肇
章帝子
在位年份：89-105
繼位年齡：10
親政年齡：14
駕崩年齡：27

6 安帝 劉祜
章帝孫
在位年份：107-125
繼位年齡：12
親政年齡：15
駕崩年齡：32

7 少帝 劉懿
章帝孫
在位年份：125
繼位年齡：？
親政年齡：？
駕崩年齡：？

5 殤帝 劉隆
和帝子
在位年份：106
繼位年齡：<1
親政年齡：？
駕崩年齡：2

8 順帝 劉保
安帝子
在位年份：126-144
繼位年齡：11
親政年齡：14
駕崩年齡：30

9 沖帝 劉炳
順帝子
在位年份：145
繼位年齡：2
親政年齡：？
駕崩年齡：3

東漢中、後期一百餘年的歷史，可以說是外戚與宦官爭權擅政的歷史。兩者之間，互有勝負。到了桓、靈帝以後，宦官愈來愈佔上風，而且宦官是一種比較持續的勢力集團，不像外戚的「一朝天子一朝臣」，會「樹倒猢猻散」。東漢時期，宦官曾經六次打倒外戚。到少帝時，外戚大將軍何進欲誅殺宦官，計劃不成，反遭宦官殺害。當時擔任京宮軍事長官的司隸校尉袁紹、後將軍袁術等，見何進被殺，一怒殺盡了宮中和洛陽城內的宦官。這場外戚和宦官的最後鬥爭，終於為東漢持續一百多年的外戚和宦官的禍政，拉下帷幕。然而，東漢王朝，也到了奄奄一息的時候了。

10 章帝玄孫	質帝 劉纘	在位年份：146 繼位年齡：8 親政年齡：？ 駕崩年齡：9
11 章帝曾孫	桓帝 劉志	在位年份：146-168 繼位年齡：15 親政年齡：20 駕崩年齡：36
12 章帝曾孫	靈帝 劉宏	在位年份：168-189 繼位年齡：12 親政年齡：18 駕崩年齡：34

| **13** 靈帝子 | 少帝 劉辯 | 在位年份：189
繼位年齡：13
親政年齡：？
駕崩年齡：14 |
| **14** 靈帝子 | 獻帝 劉協 | 在位年份：189-220
繼位年齡：9
親政年齡：？
駕崩年齡：54 |

-------- 章帝旁系
———— 直系
？ 無史料記載

| 戚宦勢力興替表 |

皇帝早死幼帝即位	君權旁落外戚輔政	誅殺外戚聯結宦官	宦官掌權重用宦官
皇帝即位年齡	太后及外戚	宦官	結果
和帝 10	竇太后 竇憲	鄭眾	**永元四年（92年）** **竇憲**密謀篡漢自立，事泄，和帝與宦官**鄭眾**等捕殺竇憲。
安帝 12	鄧太后 鄧騭	李閏	**永寧二年（121年）** 宦官**李閏**與宮人合謀，誣告**鄧氏**曾有立平原王劉勝之意，安帝追究鄧氏，鄧騭絕食而死。
順帝 11	閻太后 閻顯	孫程	**延光四年（125年）** 宦官**孫程**等發起宮廷政變，擁立順帝劉保，**閻顯**被殺。
桓帝 15	梁太后 梁冀	單超	**延熹二年（159年）** 桓帝聯同**單超**、**具瑗**、**唐衡**、**左悺**、**徐璜**等五宦官捕殺**梁氏**。
靈帝 12	竇太后 竇武	曹節	**建寧元年（168年）** **竇武**和陳蕃擬消滅宦官，事泄，被**曹節**等人追殺，竇武兵敗自殺。
少帝 13	何太后 何進	張讓	**中平六年（189年）** **何進**密謀剷除以**張讓**為首的十常侍。事泄，為宦官所殺。中軍校尉袁紹率兵入宮，殺宦官二千餘人。

宦官勝

兩敗俱傷

❀ 外戚 ❀

西漢已有「外戚」的用法，專指母系的家庭，即外家。西漢朝廷上的政治衝突，已有外戚的預政，例如呂后、王莽等。東漢中、晚期由於繼位者年幼，臨朝的母后，便倚重外家的勢力，使外戚實權在握。反過來，幼帝成年後，多不滿外戚的專橫跋扈，自然會聯合最親近自己的宦官，去剷除外戚。

❀ 宦官 ❀

俗稱太監。「宦」原本指在政府機關中從事學習的公務員，也指服務於豪門的門客。如果在皇帝名下內廷作侍奉的，則稱為宦官。西漢時的宦官，未必閹割，到了東漢光武帝始用閹人。此後宦官二字就成為在宮中被閹割宦員的專稱。直到滿清皇朝的覆滅，才消失，宦官在歷史上竟持續了二千多年。

（參考呂思勉《三國史話》）

· 宦官形象

從漢陽陵出土的宦官俑身高約 60 厘米，較其他同樣出土的男俑矮小，可見宦官身體質素較一般男性為劣。此外，宦官俑的生殖器官殘缺不全，沒有睪丸且陰莖較其他男俑細小。在形象刻畫上，西漢工匠把宦官俑製作得神態猥瑣，把宦官內心的心理扭曲表露在面上；而且宦官俑的眼神下垂，似以自己的殘缺而自卑。（王保平提供）

三國歷史的中心舞台

洛陽位於現在河南省的西部，
所以洛陽地區也是中國古文明的發源地，
中華文明的核心—— 中原地區的中心。

　　古代的洛陽地區被視為天下之中，地理形勢極具優勢。它北靠邙山，南對伊闕，東南面有嵩山為屏障，西面緊依崤函險隘，四面環山，而中部是狹長的盆地。境內有伊、洛、瀍、澗四河流經。邙山北麓臨近黃河，伊闕以南崗巒起伏，與伏牛山相連。洛陽盆地東西二面為丘陵地帶，中間有東西走向的隘道。自洛陽盆地東行到滎陽後，漸開展成扇形的平原，連接着華北大平原。西行越過潼關是八百里秦川。所以洛陽平原處於兩大平原的中間。在戰略上，為衝要之地，扼四方通道的咽喉。西邊的函谷關，又是著名的中原地區與關中地區的鎖鑰，為兵家必爭之地。

洛陽位置及地理形勢圖

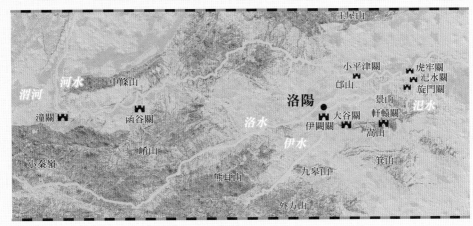

· 今日洛河

洛河又稱洛水或洛川，流經洛陽的東南，匯流入黃
河。曹植的文學名篇《洛神賦》中說：「黃初三年
（222 年），余朝京師（指洛陽），還濟（渡過）
洛川。」又說到：「余從京域，言歸東藩，背伊闕，
越轘轅，經通谷，陵景山。」描寫曹植離開京師洛
陽，出洛陽的東南，返回封地甄城（今山東甄城）。
沿途跨越伊闕山、大谷山、轘轅山和景山的道路情
況。洛陽之南，有伊河和洛河（正名應是南洛河），
在偃師匯流之後合稱伊洛河。洛河較長，可視為伊
洛河的正流，下圖是今日洛河夕照。伊洛河全長
447 公里。

· 伊闕兩岸龍門石窟

伊河在洛陽之南，向東南匯入洛河而入黃河。在伊河的闕塞，名伊闕，後稱龍門。在伊闕河的兩岸，
有聞名世界的「龍門石窟」。

　　洛陽，是三國歷史的中心舞台。漢光武帝建立東漢，定都洛陽，以後的曹魏、西晉及北魏，均以洛陽為國都。洛陽作為都邑，歷史悠久，地位也重要。近代著名歷史地理學家譚其驤認為，洛陽在中國歷史上作為國都的地位，僅次於長安和北京。早在夏、商時代，已有國都設在洛陽的附近。《史記》就說：「昔三代之（君）皆在河（黃河）洛（洛水）之間。」西周成王、周公時始建雒邑，東周正式建都在洛陽。自東周至五代，總計定都洛陽的有周、漢、魏、晉、北魏、隋、唐、武周、後梁、後唐及後晉共十一朝，長達880年。

漢魏晉首都
規模宏大

洛陽雖為十一朝的首都，各朝都城位置也略有變化。

東漢、魏及晉洛陽城，是沿用周、秦及西漢洛陽城的舊址，

經修葺改造而成的。

① 漢魏洛陽故城遺址

舊日洛陽城規模宏大，南北長九里，宮殿壯觀。（劉煒提供）

東漢班固《東都賦》和王充《論衡》等著作，讓我們了解洛陽城當時盛況。洛陽在曹魏文、明二帝時，曾大事建築；曹魏繼建築鄴城後，再大事重建洛陽城。從都城建築史的角度，曹魏重建鄴城與洛陽兩城殿，是開中國都城城殿建築佈局的新里程碑。日後聞名世界的唐代長安城，乃沿襲鄴城與洛陽城的格局而建成的。

原東漢洛陽城，因董卓西遷長安而被焚毀。荒蕪了的洛陽城，因為曹丕建魏，置都於洛陽，再經過魏文帝和魏明帝二帝的大力經營，洛陽得以恢復大都邑的面貌。新都規模宏大，南北長九里。宮殿壯觀，就以北宮的中心宮殿德陽殿為例，陛（台階）高可達二丈，殿外可容納萬人，宏偉可見。

漢魏洛陽城是東漢、曹魏、西晉及北魏四代王朝的都城，四個朝代沿用同一個城址達 330 年。洛城因在雒水之北，戰國時始稱雒陽。西漢時稱洛陽，東漢定都洛陽後，因五行忌避，火德避水改為雒陽；到魏文帝曹丕再改為洛陽。

洛陽北靠邙山，南臨洛水。東漢時的帝陵建於北面的邙山，而太學、辟雍、明堂、靈台和南市等均建在南郊。洛陽東漢帝王陵出土大量文物，實證了當時的社會面貌。（參考周長山《漢代城市研究》；譚其驤《長水集續編》等著作。）

| 洛陽位置圖 |

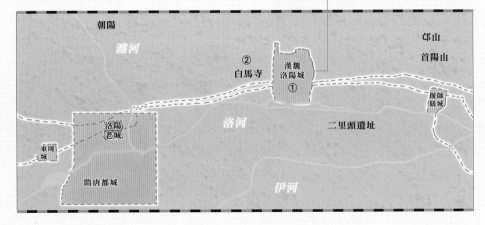

白馬寺
開佛教建築形制

洛陽白馬寺，可以說是原漢魏洛陽都城留下的唯一地上建築。白馬寺始建於東漢永平十一年（68 年），距今幾近二千年的歷史。

②白馬寺
洛陽白馬寺是中國第一座佛寺。

白馬寺位於漢魏洛陽城的西邊，是佛教傳入中國後營建的第一座佛寺，是中國佛教的「祖庭」和「釋源」。東漢時期，大多佛經的經譯是在洛陽，而白馬寺則是最重要的譯場。歷史上著名外來高僧攝摩騰和竺法蘭在白馬寺共同編譯出最早的漢文佛經《四十二章經》。到東漢末年，在白馬寺共譯出佛經 290 部 395 卷。白馬寺稱寺後，中國日後的佛教建築便通稱為寺。白馬寺的建築形制也成為中國和周邊國家如韓國、日本的古代佛教建築的形制。日本著名的飛鳥寺和四王寺，就是仿白馬寺而建的，可見現存白馬寺的歷史地位之重要。日本著名華人作家陳舜臣撰寫，而風行一時的《秘本三國志》這部小說，就以白馬寺為引子。

· 白馬寺山門

山門前有馬兒石雕，感念白馬馱經與佛像有功，故命名為白馬寺。

洛陽
兩漢墓葬

東漢各帝王陵的地理位置，根據文獻及考古發掘，分別位於漢洛陽城西北和東南兩片區域。

　　漢洛陽城西北區即邙山上，確定的是光武帝原陵。漢洛陽城東南區在今偃師市，位於伊洛河南岸，陵垣的遺跡尚待考探。截至 2016 年底，據統計洛陽地區發現兩漢墓葬約 3440 座，公佈了的約佔一半（1601 座），分佈在河南省的洛陽市、孟津縣、偃師市、鞏義市等地方。作為東漢首都，洛陽有大量的墓葬。墓葬出土的文物，是我們瞭解當時歷史方方面面的實物材料。

· 洛陽杏園東漢墓
（劉煒提供）

墓穴拱門

漢墓壁畫

墓室門口

· 東漢桓帝宣陵鎮墓石羊

石羊有雙翼，乃吉祥「神羊」。
此為東漢桓帝宣陵鎮墓獸石雕石
羊，宣陵在今河南偃師境內。

· 東漢桓帝宣陵鎮墓石虎

東漢是陵園墓前石雕發展的繁盛時期，而石人、石羊、
石虎及石辟邪等已成為必備的鎮墓石像。

· 東漢安帝王陵神道上的石刻天祿

相傳貔貅是一種兇猛瑞獸，但這種猛獸分有雄性
和雌性，雄性名為「貔」，雌性名為「貅」。古
時這種瑞獸分一角或兩角，單角稱為「天祿」，
兩角稱為「辟邪」。貔貅造型多以單角為主，其
身形如虎豹，首尾似龍狀，其色亦金亦玉，肩長
有一對羽翼卻不可展，且頭生一角並後仰。

第二章

豪門世家

士族名士

3 漢末三國時期，兼具財勢、官宦與士族三者身份於一身的世家豪門，依舊在政治、經濟、社會和文化的各個方面，都處於壟斷性的地位。如果留意一下，漢末三國時期活躍於歷史舞台上的顯要人物，大都出身於世家、豪門、士族或稍後形成的名士群體，如「四世三公」的袁紹等。

勢力對抗
朝野動蕩

　　世家豪門的形成，在西漢已經出現，到了東漢更有了進一步的發展；甚至演變成為豪門大族、官僚世家和儒教士族三位一體的權力現象。豪門大族是財勢，官僚世家是官宦，儒教士族是文教，三者集於一門，可見世家豪門的煊赫。這種現象，往後再演變成為兩晉南北朝的「門第社會」，對中古歷史影響深遠。

　　豪族以勢力兼併土地及侵佔山林財貨，壟斷了社會的財富。士族因為「累世經學」的家學傳承，以知識學問的壟斷而世代為高門望族。士族再以累世經學優勢，憑藉經術取士的制度，通過州郡的地方察舉和中央的徵辟兩種取士制度，幾乎壟斷了仕途，而致政治上出現了「累世公卿」的現象。豪族、士族、官宦三者間的互相為用，互為表裏，而形成了在政治、經濟、社會和文化上的特殊階級。這個特殊階級，因為勢力強大，並且帶有世襲和壟斷的性質，社會日見不公平，又是造成東漢中、後期政局不穩，社會動蕩的另外一個重要因素。

　　東漢後期著名的思想家仲長統（公元 180 年—220 年）在他的時論《昌言》中，毫不諱言地指斥了「豪人貨殖，館舍布於州郡，田畝連於方國……榮樂過於封君，埶（勢）力侔於守令，財賂自營，犯法不坐，刺客死士為之投命。……至使弱力少智之子……冤枉窮困，不敢自理。雖亦由網禁疏闊，蓋分田無限，使之然也。」（《後漢書‧仲長統傳》）漢末叛亂的所以爆發，不能不說正如仲長統所言，是由社會不公平現象所造成的結果。

　　東漢士族勢力的形成和壯大，主要歸因於朝廷和帝王的提倡；民間儒學的普遍發展；地方察舉和公府徵辟的任仕制度三者，而且三者有密切的連帶關係。後來更因太學清議的流行，聚集京師的士族名士與朝廷大臣，為了反抗宦官集團的壟斷和敗壞朝政，互通聲氣，橫議朝政與主政人物，形成政治和社會上的一種強大的輿論勢力。其中偏向激烈的朝中大臣和清議名士，代表朝廷和社會的朝野勢力，與代表皇室的外戚或是宦官的勢力作對抗，水火不相容，掀起朝野的政治動蕩，終於斷送了東漢王朝。回顧歷史，環顧當今中外，壟斷造成的政治、經濟和教育上的不公平，隨時隨地可見，豈獨歷史上的東漢魏晉而已矣！

形成士大夫競武
新風尚

　　除了上文所說的政治和社會現象外，要了解三國時期的歷史，東漢末年另外的兩種社會現象，也是很值得留意的。首先是，東漢開國以來，獎勵教化，士人崇尚氣節、講求獨立特行的風氣。對於這種風氣，宋代的大史學家司馬光、明末清初大儒顧炎武以至近代學者如勞榦等，都為之推許和讚美。但是，這種風氣的另一面，也因之衍生了種種的弊端。近代大史學家錢穆則指出，東漢士人所表現的所謂美德高行，如「讓爵」、「推財」、「避聘」和「久喪」等等，大多側重於形式主義和囿於褊狹的家庭道德。不少士人更各懷私心，旨在為自己邀譽，博取名聲，最終的目的是借助聲譽，通過察舉而進入仕途。至於末流所及，更形成了「名士」的互相標榜，以取虛譽，行為的虛矯，到了不近人情的地步。所謂「名士」的標榜以邀譽，觀察現在，似是「於今為烈」。

　　其次，由於戚宦把持了權勢和仕宦之途，有志氣的士大夫轉而樂習兵事和武藝，希望擁兵戮力於邊徼，驅芟盜賊於中原以博取功名。所以東漢末和三國時期，社會也形成一種競武之新風尚。這種競武新風尚，是漢末三國之所以「英雄輩出」的社會背景。

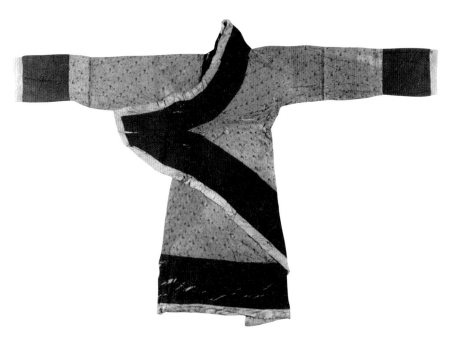

・西漢羅地「信期繡」絲綿袍

漢代人為深衣注入了豐富的想像空間，絲綿袍高貴雅致的面料、生動有趣的「信期繡」圖案、靈活多變的繞襟曲裾式樣，展現出絢麗多彩的漢服之美，成為漢代貴族婦女最時尚的服裝。（長沙博物院藏）（劉煒提供）

・東漢菱紋陽字錦襪

古人稱夏天穿的襪子為「暑襪」，質地輕薄，透氣性好。冬天穿的襪子比暑襪款式更多，一般是多層襪，夾層中納入保暖材料。至漢魏時發展腳形，與現在的襪形相似。可見襪子已是生活中必備衣物。（劉煒提供）

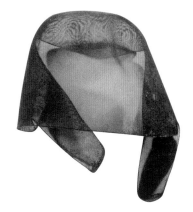

・漆纚紗帽

漆紗在漢代被稱作「纚」，是一種成型的編織品，西漢時主要被用作裹髮的巾幘，後世被廣泛用於製作紗冠，一直是冠飾的專用材料。古代男子 20 歲行完冠禮之後，象徵已成人，從此一生不離冠。因此，我們經常在壁畫、畫像石等可見這個衣飾。（劉煒提供）

東漢豪門盛況

漢代中原地區，甚至邊壤地區，豪族莊園林立。東漢末，政局不穩，社會動蕩，豪族在莊園又建「塢堡」以作戎衞保護。築建莊園是西漢以來，土地兼併所形成的一種經濟生產和社會生活方式。因為財富的高度集中，社會上失去了土地的百姓和流民要依附和隸屬於豪族，情況嚴重；導致東漢地方勢力愈來愈膨脹，慢慢動搖中央朝廷的統治。

在河北安平縣出土東漢墓的壁畫與在內蒙古出土的和林格爾墓葬壁畫的內容，正正反映了漢魏時的莊園和塢堡的具體狀況。安平縣大型的磚室墓壁畫內容豐富，反映了東漢末官宦貴族的一些生活狀況。

豪族擁有大量土地，也租給佃農經營。畫像也描畫了在倉庫內，佃農向地主交付糧食等實物地租的情況；也反映了豪族高闕豪宅內觥籌交錯的飲宴、出行的豪華場面，以至巡遊田獵的狀況。是二千年前東漢歷史社會活生生、我們仍可以感受到的中國「浮世繪」。

根據墓室形制的結構和壁畫出行圖，看來墓主地位極尊崇，屬二千石的高級官吏。有學者推測，墓主或是東漢靈帝宦官趙忠家族的成員。壁畫分佈各墓室，出行圖是表現墓主人遷職的經歷。此墓主人共有四次出巡圖，可見主人有四次重要的升遷。由實物証明了漢末「天下仕宦，無一非宦官之兄弟姻戚」的事實，圖像也如實反映了豪門貴宦的派頭。

· 赤幘黃衣執弓、伍佰黑幘黑衣執梃杖辟車

· 中室西壁壁畫出行復原圖
（胡淑玲繪畫）

· 貴宦出行的豪華場面

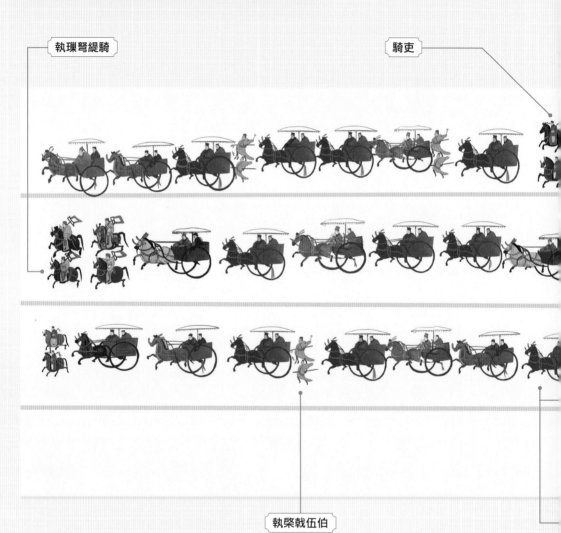

執瓔弩緹騎

騎吏

執棨戟伍伯

· 中室北壁壁畫出行復原圖
（楊建霞繪製）

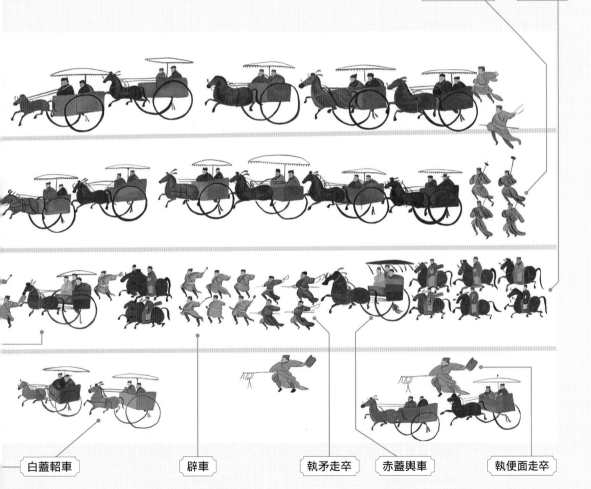

執持棨戟伍伯　　後從騎吏

白蓋輜車　　辟車　　執矛走卒　　赤蓋輿車　　執便面走卒

· 中室西壁壁畫出行復原圖
（楊建霞繪製）

軺車是常用的交通工具，由戰車演變而來，使用較廣也較輕快。軺車是用一匹馬駕駛的輕便車，由車輪、車輿、車軸和傘蓋等組成。車在組裝完成後塗漆，車廂無幔帳，四面敞露，中間豎有車蓋，用來遮雨。後來又指奉使者和朝廷急命宣召者所乘的車。晉代，以駕車馬匹的數量、裝備等區分官民車的不同。劉備幼時與劉母織席販履為業，生活艱苦。但屋舍東南有一桑樹高五丈餘，樹冠宛若車蓋，往來皆言此樹非凡，蔭其貴人。劉備與同族孩童樹下玩樂，指其桑樹説自己將來一定會乘坐這樣的軺車。族人皆異。

· 赤蓋安車

· 皂繒蓋朱轓軺車

· 軺車及安車

右頁圖主車為皂繒蓋朱轓軺車，蓋邊有飄帶和纓絡。左頁圖則為赤蓋安車，蓋上有紅色飄帶，乘者頭戴紅冠，身穿紅袍。（李嘉玲繪製）

·門下功曹

門下功曹是掌人事及參與一郡政務的郡國佐
吏。記功過、賞罰升降的官吏。圖中功曹着黑
色長袍，雙手持笏，腰間佩劍。（李嘉玲繪
製）

騎督

·下級官吏謁見

門下小史是衙內處理各種事務的低級官吏，身穿寬袍，手持笏板，畢恭畢敬的跪在地上，是在迎
奉主人或是在向主人復命。他們頸項前伸，身體微微前傾，低眉側目，情態卑微而恭謹。同時，
這亦反襯了墓主人的顯貴地位。（參考《中國墓室壁畫全集——漢魏南北朝》）

儀仗騎

· 貴族出行儀仗圖

槊戟騎吏　　貴族

後從騎吏

· 辟車伍佰八人及門下小吏

辟車伍佰（車前護衛開道的衛士）八人及門下小吏，部分屬吏踞坐，部分屬吏站立，衣冠和姿勢也各異，更能襯托墓主尊貴的身份。（楊建霞繪製）

莊園和塢堡
生活多彩

司馬舍（管理軍務及屬官）

閣式倉房（儲穀）

庫房：存放武器

校尉

校尉夫人

烏桓部族人物

甲士

樂舞雜技

· 寧城一覽

圖中描繪了豪宅的外內的建築、宴會、糧倉及庫居等。主宅外尚有各式建築，充分反映了其時豪門貴族的生活的一斑。

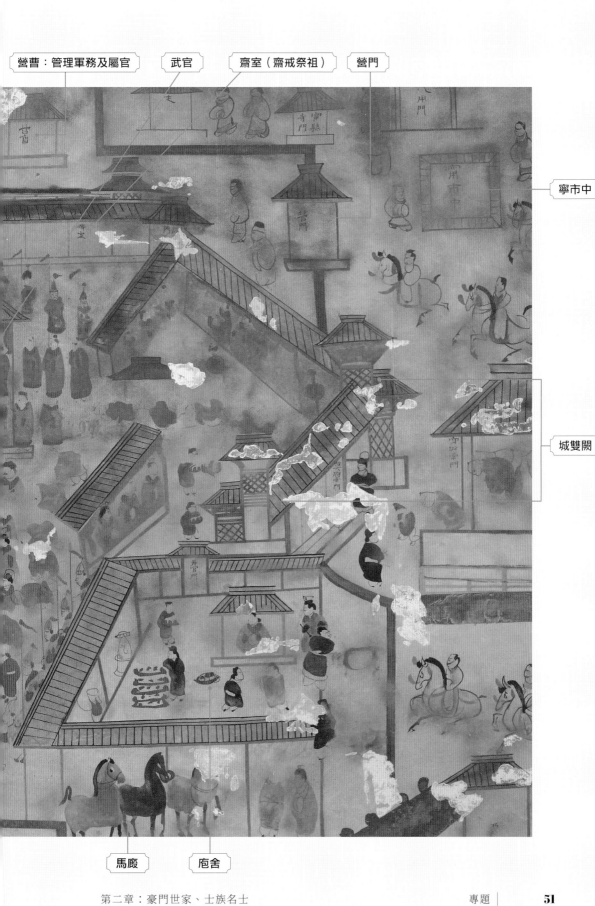

營曹：管理軍務及屬官　　武官　　齋室（齋戒祭祖）　　營門

寧市中

城雙闕

馬廄　　庖舍

· 豪門雙闕內桂樹射鳥圖

· 木軺車
（劉煒提供）

門闕　　　僕人射鳥

一葉扁舟行於波濤之上，船艄有黑衣人划單槳，船中正面而坐推測是墓主夫人。

墓主人坐主車皂蓋，皂蓋左上方題寫着從上「使君從繁陽遷度關時」。

從繁陽到寧城，須通居庸關，橋下榜題居庸關，居庸關在一山谷溪水之上。

· 赴寧城途中

墓主人使君從繁陽令遷「護烏桓校尉」，赴寧城途中，行伍經過了山谷溪流的居庸關。

貴族身穿不同色彩的袍服，跽坐於席上，席前擺有飲食器具，一面宴飲作樂，一面觀看百戲。

一男子與一執飄帶的女子翩躚對舞。

飛劍：表演者躍起把劍拋起來。

倒提：表演者倒立在器物之上。

弄丸：表演者同時飛擲五個彈丸。

舞輪：表演者立在踏鼓上，拋耍巨大的車輪。

橦技：一人仰臥地上，手擎橦木，橦頭安橫木，中間騎一人，橫木兩端各一人，作反弓倒掛狀，即所謂「跟掛倒投」的動作。

· 舞樂百器

結合墓葬壁畫、出土的漢畫像石及陶俑，我們可以彌補文獻對於描述漢代樂舞的內容。漢代樂舞是在楚樂舞、中原樂舞以及西域樂舞相互影響發展而成，它是結合舞蹈、音樂、體育、雜技、幻術及舞劇等多種文化形式的綜合演出。同時，這亦體現了精湛絕倫的技藝和豐富多彩的藝術形式，展現漢代先民熱情奔放的風貌。

東漢五歲幼童許阿瞿，端坐在榻上正在觀看童戲表演。

三個頭梳雙髻、赤身穿護襠的兒童正在做遊戲供許阿瞿觀看取樂。前面的兒童右臂前伸手玩一鳥，鳥從手中向上飛。

中間的兒童左手牽引一鳥，鳥體左右有兩輪，名謂兒童玩具鳩車。

後面的兒童右手執鞭驅趕鳩車。

侍從手執便面站立侍奉

侍女捧盤

表演者單腳跪地，雙手擲飛二劍跳四丸，巧妙非常。

· 許阿瞿墓誌銘畫像石
畫像中的小主人名叫許阿瞿，出生於東漢靈帝建寧年間，五歲不幸死於瘟疫。

女伎雙髻長袖表演盤鼓舞，盤鼓舞是漢代豪富吏民宴客時表演的助興樂舞。舞人在盤鼓上縱躍騰蹋，擊出有節奏的鼓聲，並且要完成複雜的動作。

左面的表演者鼓瑟，右面的表演者排簫伴奏。

表演者在鼓瑟

表演者在吹竽，其中一人頭部和上半身稍微向前傾斜。

· 馬王堆漢墓一號墓的奏樂俑
整個樂隊是以演奏兩瑟和三竽的樂器組成。奏樂俑採用浮雕手法，跪坐，盤髻。身穿色彩艷麗的右衽袍服。

表演者吹奏塤

表演者吹奏排簫

兩個舞者身穿長袖羅衣，正踏着兩個扁鼓，按照樂曲的旋律，環繞六個盤子之側穿梭起舞，舞姿流暢，盤子卻完好無損。舞者亦可在盤子上踏來踏去，用踏出來聲音做為舞蹈的節奏。

俳俑拍打雙手作為節奏

· 七盤舞陶俑
（洛陽博物館藏）

· 東漢紅陶吹笙俑
此俑兩眼合上，面頰豐滿，嘴唇前突，雙手捧笙作吹奏狀，形象生動。

· 彩繪三人樽上倒立雜技
兩個雜技人以雙手倒立，並各向後傾斜，以一腿對接成拱形，另一腿則踢向空中作平衡，然後再有另一雜技人用雙手倒立於二人的腿上。相比一般的據地倒立的表演，這套由三人配合演出的倒立節目，其中所要求的平衡力和合作性更高，難度更大。
（洛陽博物館藏）

・**東漢泥質彩繪陶踏鼓舞女俑**
此女俑頭梳三髻，上穿長袖襦衣，繪朱彩，
下穿寬褲，腰繫短裙。目視前方，身向前傾
斜，兩手前後彎舉，衣袖飄繞，前垂後翹，
雙腿作弓步，右足直伸靠右，左腿曲腳踏
鼓。這反映踏鼓舞的生動形象。

・**西漢舞女陶俑舞女**
舞女右手揚起，飄揚的長袖落在右肩上，左
手隨樂曲向後擺長袖，雙腿踏鼓點扭輕盈的
腰肢，體態婀娜多姿。（中國歷史博物館藏）

・**舞俑**
舞俑手持長巾，足踏雙鼓。

·彩繪陶擊鼓俑說唱俑
表演者伸頭聳肩，眉開眼笑，手舞足蹈，動作誇張，前額頭笑出了皺紋。使說唱藝人的神態，表現得淋漓盡致。（中國歷史博物館藏）

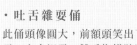

·吐舌雜耍俑
此俑頭像圓大，前額頭笑出了皺紋，口吐舌。上身袒露，雙手撫摸肚臍，穿短襦長褲光腳站立。（劉煒提供）

二侍者騎馬隨兩車出行

侍者趕着六匹駿馬

三匹放牧的馬

· 牧馬

上部有二侍者騎馬隨兩車出行。下部有一侍者趕着六匹駿馬，稍遠處有隨意奔跑的馬匹，排場驚人。

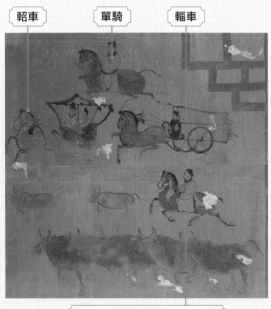

輬車

單騎

輼車

· 牧牛

上部繪兩馬車和一單騎出行。下部是
牧人單騎，驅趕緩步行走的牛群。

牧人單騎驅趕緩步行走的牛群

農夫駕二牛耙地　　空置車棚　　糧囤　　農夫駕二牛耙地

牛車運送糧食　　糧堆

· 農耕

左右有農人駕二牛耕作。遠處有已經耕畢成田壟，及尚未種植的土壤。近處是有三牛車運送糧食，地上散放着斗、斛等量具。

· 塢堡馬車

左方繪的是塢堡，塢堡周圍是屯戍的防禦工事，這是東漢豪強大戶屯聚的塢堡。塢堡外一馬車正載着主人出行。塢堡外周圍遍佈羊群，並有牧羊犬散佈在羊群中間，以防豺狼。這塢堡處於山巒環抱，疏林掩映之中。

牧羊人注視羊群　　塢堡屯聚糧食　　墓主人坐皂蓋軺車正在出行

三隻牧羊犬專衞羊群防備豺狼　　牧羊人注視羊群

主人與佃農逐一洽談租務

騎從射鳥

宅闕有二層至四層，用作高空監視及保衛

佃農們在排隊以農作物權當交租

・交租圖
（劉煒提供）

・耕車

這種車不適合載人，是用作拉運農耕用具的一種車輛。

·糧倉陶樓

這是反映了漢代莊園儲糧倉樓的明器。圖像共四人,其中兩人正往糧袋中裝糧,身邊有斗和糧堆。兩側各有一人,左側一人雙手執箕,右側一人腰間佩劍。場面生動地反映了漢以來豪族擁有莊園而收租的情景。(劉煒提供)

斗和糧堆

往糧袋中裝糧　　雙手執質　　手持佩劍

各式各樣的食物如魚、走獸及禽鳥懸掛在鈎上

· 廚炊

廚人工作達 17 人之眾，廚房面積很大，掛
滿和擺滿各式各樣的食物。反映了豪門的
奢華生活。

庖正（掌廚）和下人正在整理食具和安排食材

　　權貴之家的大門都有門闕，有多重院落。樓房在東漢大量出現，相信與
鐵等工具出現有關。大多有門樓如五脊四坡廡殿頂，及幾層檐亭閣等多種樣
式。東漢的《古詩十九首》中說：「西北有高樓，上與浮雲齊。交疏結綺窗，
阿閣三重階。」是當時實在的寫照。

朱紅祺

相風鳥

瞭望樓

屋舍林立

· 豪族庭院的瞭望樓

瞭望樓位於庭院後部，樓身方柱形。頂樓廡殿頂，
四角立柱，周圍設平坐，於西後角處樹一旗。旗杆
頂有一黑色長毛的鳥形物，風起時鳥隨風轉，是辨
示風向的相風鳥。旗是測風力用的測風旗，圖中長
長的朱紅旗正迎風高高飄揚。東漢後期出現了為戰
爭而建的樓觀，這座瞭望樓體現出莊園經濟發展，
武裝力量增強的趨勢。（《中國墓室壁畫全集——
漢魏南北朝》）

· 豪族庭院的陶器

陶樓模型是東漢墓葬的隨葬明器。當時的豪宅和莊
園，都有建築高大的門闕和瞭望樓，有門人把守與
部曲駐紮；樓多三四層，甚至有五層的。

漢代磚石畫像

漢代磚石畫像是一種附在墓穴建築的壁面和楣碑闕上的裝飾性藝術品，從西漢中晚期開始出現而流行於東漢。畫像磚石圖像大多以寫實的藝術手法去表現，而題材很廣泛，內容也非常豐富。可以說一定程度反映了當時歷史，紀錄了各種現實生活場面與思想文化，是後人形象而可感性地認識當時歷史狀況的難得材料。這些出土自漢魏首都許昌的磚石，反映的是當時豪宅和都城建築情況。（參考中國農業博物館編《漢代農業畫像磚石》）

· 雙闕人物畫像磚

古代高規格的建築物在大門之外的兩側設闕，闕是一座夯土墩台，中央缺開，留出通道，沒有建築物相連。有的在台上有屋登臨可以遠觀，有利防禦，又稱觀。在漢代，闕是高貴的禮儀性建築，在宮殿、祠廟、府第、塋域之前均可建立。圖中的單闕是兩層重檐，推測是一般官僚。中間有一貴族戴冠，手捧絲綢，踏着高台。左右均有衛士守衛。石闕經過歷史的演變，現在我們可以在寺院、道觀、景區、廣場、公園等地方看到石雕漢闕的擺設。

· 上人馬食大倉圖

畫像模擬天國神仙世界的天倉。兩漢時期神仙思想非常流行，人們相信死後靈魂可升入仙界。（許昌博物館藏）

樓閣中居住的人　　樓閣

松柏

騎馬守竹衞

孔雀

· 畫像磚上的庭院圖

畫像上的樹木突出，松柏整排排列，反映出漢代庭院植物整齊有序的配置形式。

· 《宜子孫富番昌樂未英》方磚

表達出墓主人希望子孫永久幸福、家族富貴昌盛及國家永世安定的良好祝福。樂未央同樂未英，未央是沒有終止的意思。

· 人面紋瓦當

人面紋瓦當源於漢代，以至六朝、隋唐、朝鮮、日本及越南均有。有學人認為人面紋瓦當含有鎮火祛災、壓聖避邪的作用。

· 萬歲磚

表達了古人希望長生不老的美好願望，推測是王室御用之物。

1 雙闕大門與門衞圖

2 宴樂圖

3 狩獵行樂圖

4 出行圖

· **豪門生活石刻**

石刻印證了豪門生活的盛況，石刻上刻有豪門的外觀和守衞，以及出行、狩獵、宴樂的情景。

1

2

3

4

·**龍鳳人物鋪首銜環畫像磚墓門**
鋪首是安裝在大門上銜門環的一種底座，是傳統大門裝飾，呈獸面紋樣，狀似饕餮。饕餮被視為凶惡的神獸，可鎮守墓門，起鎮邪辟凶的作用，類似護祐平安的門神。

　　這批照片大都在洛陽和許都出土，反映了作為國都的各種建築用材。另畫像則表現了東漢三國時期，貴族生活和豪宅的情景。

第三章

清流預政

黨鋼之獄

3 東漢末年，除了宦官與外戚禍政，同時又出現官僚結合了士人集團與宦官集團之間的激烈政治鬥爭，令政局愈發動蕩不安。東漢立國之初，大力宏揚文化教育，獎勵儒學經術，這是中國歷史上罕見重視以文教立國的措施；又實行「察舉制度」為朝廷遴選中央和地方的管治人才。東漢立國所以會實行這樣的措施和制度，與創建東漢王朝的光武帝與一班開國文武重臣不無關係。

造就漢末三國
文化盛況

　　不少開國重臣是太學生出身，大多熟習經術，有儒者氣象。所以錢穆說，西漢的創業者是「平民政府」；而東漢創業者是「士人政府」，因為東漢開國重臣多是士人。最為後世津津樂道的光武帝和明帝，甚至是和帝，不僅自己勤修經術，還不時親自為大臣和太學生們講論經書。東漢又大興太學和遊學，最興盛的時候，在京師洛陽的太學生和遊學士人，達三萬之眾。

　　東漢建國後，名臣將帥都喜歡修校辦學。風氣所至，私人的辦學在社會上很興盛。宿儒名師的學徒，往往多至數百至千人。東漢婦女也熱心習學，所以東漢一代多出女學者、文學家和書法家，著名者如班昭、蔡文姬和衛夫人等就是其中的表表者。不僅是大都邑，甚至鄉間興辦教育也很普遍。東漢著名史學家和文學家班固在《東都賦》中，就描述當時「是以四海之內學校如林，庠序盈門」的情況。當代學者王子今甚至用現代語言描述說，「東漢是一個學習型的社會」[註1]。這種重視文教，獎勵學術，重視學習和尊重學問的現象，是東漢歷史的一大特點，其流風也影響到漢末三國時期。漢末三國雖然是戰亂紛紜、社會板蕩、民不聊生的年代，但在經術藝文，甚至科技，都是一個很興旺的時代，如文學、哲學、書法、經學、醫學及科學等方面，都有卓越的成就，而且對其後中國文化藝術的發展，影響深遠，相信這是很多人意想不到的。

造成社會虛矯
的風氣

　　三國時代的文臣不用說，不少武將，都熟習經術和藝文；三國時代，儒將特別多。日本近代著名學者桑原武夫評說三國，就曾感慨地說：「日本雖然是崇武之國，但日本只出現攻城略地的野戰勇士，重實踐，缺乏像中國如周瑜、

（註1）　王子今〈東漢的「學習型社會」〉《讀書》

「太學」與「遊學」，是漢代兩種主流的求學方法。太學，是自漢武帝開始在京師設立的全國最高的教育機構。太學設五經博士以教授「太學生」，太學生又稱「博士弟子」。太學生畢業後要繼續深造，遠遊各地從師學習，此即為「遊學」。這種教育體制為東漢培育了不少有用的人才，東漢光武帝自己就是太學生出身。建國後，光武帝下令在洛陽重建太學。東漢的太學遺址在洛河南岸，面積很大，由光武帝到順帝，經歷足足一百年的修建才全部完成，得見東漢對教育之重視。一如歐洲建教堂動輒費時百年，即反映對宗教的重視。

呂蒙等儒將……（他們）既是武將又是文人。」[註2] 這是東漢一代人才的特點，流衍到三國，仍有此遺風。教育政策和人才的遴選，是中外古今治理國家最關鍵的一種制度，是政府管治上「潤物無聲」的一種長治久安的政策。

可惜往往不為古今為政者所認識；即使有所明白，卻又對之沒有真切的了解，認識不深；推行的措施不周延，政策多急功近利。北宋大儒司馬光在《資治通鑒》中就說過：「教化，國家之急務也，而俗吏慢之；風俗，天下之大事也，而庸君忽之。夫惟明智君子，深識長慮，然後知其為益之大而收功之遠也。」[註3] 司馬光的這段話，大有通古鑒今的睿識，不愧為一代的政治家和大儒。司馬光的《資治通鑒》，本意讓帝皇用作借鏡，事實上，他的看法至今不失為為政者所應深切思考的。

東漢立國的文教政策，產生了另外的一種影響，助長了自西漢漢武帝以來，由於崇尚儒家經術，逐漸形成的士大夫官僚階層，得以進一步鞏固和壯大。這種強大的士大夫官僚階層，是以「世家大族」的官僚階層與在野的「士人」階層兩種面貌出現的；這種官僚士人階層，也是維持東漢政治和社會的力量。東漢重視文教的風氣，一方面，朝野尊崇儒學，褒揚忠義，表彰名節，造成了士大夫以「天下蒼生為念」的儒家理想。不過另一方面，末流所及，也出現了以「名士」相號召，妄立名目，互相標榜，結為朋黨，橫議盛行的弊端，虛矯的風氣，也腐蝕了社會上的士風。

（註2）　桑原武夫、落合清彥《三國志的魅力》

（註3）　司馬光《資治通鑒·卷68》

中國最早官定教科書─《熹平石經》

熹平四年（175 年），漢靈帝命蔡邕等人訂正七經的文字，刻石 46 塊，立於洛陽城南開陽城門太學講堂前（今河南偃師），作為士人學習的標準範本。這也是歷史上最早官定的儒家經典的範本，亦即是中國最早的「官定教科書」。漢獻帝初平元年（190 年），董卓焚燒洛陽宮廟，石經被毀。

· 《熹平石經》殘片
石經文字由蔡邕以當時標準的八分隸書體寫成，也被奉為書法的典範。

· 《三體石經》殘片
曹魏正始二年（241 年）在洛陽太學開刻的，用古文、篆書、隸書三種文字刻成。

清流濁流
壁壘分明

　　桓、靈之際，宦官與外戚禍政殘民活生生的現實，激發了清廉自守的官僚階層、以蒼生為念的士人和太學生，憂慮政局，議論朝政，抨擊宦官，並有意識地結成社會和政治上的「清流」力量。甚至更有部分，走上了激烈抗爭的行動，以對抗被視為「濁流」的豎宦勢力。社會和政壇上清流、濁流直接對抗的

西漢時武帝聽從大儒董仲舒的建議，推行「罷黜百家，獨尊儒術」的治國思想。自此欽定儒學經典著作為《經書》，並以《易經》、《禮記》、《書經》、《詩經》及《春秋》稱為《五經》。為此而設立「太學」，以《五經》教授學生。太學是官學，也是士人入仕的途徑。「經學」不僅成為一門專門的學問，也是兩漢具統治地位的思想。東漢開國皇帝光武帝極重視經學，東漢朝野學習和鑽研《經書》，成一朝的社會風氣。世家大族最重視傳承，每一代都有傑出人物入朝為官，並且在長期的發展中建立了龐大的智囊團來為其服務。既然研習經學已經成為了進入仕途的重要途徑，那麼自然就會得到世家大族的充分重視，經學的研究也成為了世家大族世代傳承的重要資本。（參考趙翼《二十二史劄記·累世經學》）

結果，誘發了桓、靈二帝時期，由宦官勢力製造的三次「黨錮之獄」。對這種局面的造成，時人諸葛亮和稍後的史學家范曄等等，都清清楚楚地指出，桓、靈之際，是東漢衰落的轉捩點。諸葛亮說「先帝（指劉備）在時，每與臣論此事，未嘗不歎息痛恨於桓、靈也。」三國時代，劉備、諸葛亮、曹操、荀彧等為政者，常檢討歷史以鏡得失。范曄更分析了其中的原委，說「逮桓靈之間，主荒政繆，國命委於閹寺（指宦官），士子羞與為伍，故匹夫抗憤，處士橫議，遂乃激揚名聲，互相題拂，品覈公卿，裁量執政，婞直之風，於斯行矣。」（《後漢書·黨錮列傳》）

經過了三次黨禍，誅殺、囚禁和驅逐了不少作風正派耿直、忠於朝廷的「清流之士」。經此打擊，政治和社會的正氣為之摧殘，朝政更形腐敗了。清、濁流的生死博奕，令士流風氣愈益褊隘，只逞橫議之能；甚至結為朋黨，無視現實大局。這樣政治和社會的散渙墮落，東漢末的政局，愈發無可挽救了。

・跽坐圖
古人席地而坐時，席角日久易捲曲，於是用青銅鑄成的席鎮或用其他材料在其四隅席鎮壓角。胡牀傳入後，變為垂腳而坐，席鎮因而失去功用，被改用作寫字作畫的書鎮。四角為嵌貝銅龜鎮。這種席地而坐或靠几的習慣，大家都眼熟，至今仍見於日本和韓國的社會習慣。

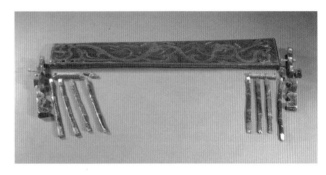

・彩漆折疊式几
此几可拆卸，有如現代可組裝的傢具一樣。（湖南省博物館藏）（劉煒提供）

・凭几
古人跽坐一久，便會感到累，因此出現凭几。它是一個小型的靠具，膝納於几下，肘伏於几上。

◎ 察舉徵辟 ◎

「察舉」和「徵辟」，是漢代選拔官吏的兩種方法。察舉指由地方官員在自己管轄的地區內發掘出的人才，並以「孝廉」或「茂才」等名推薦給政府使用。茂才即秀才，東漢時為避光武帝劉秀名諱，改作茂才。徵辟則是指由朝廷直接徵召有才德的人士擔任要職。其中，由皇帝徵召的叫做「徵」，由朝廷大宦徵召的則叫做「辟」。這兩種選拔官吏的方法，原本要讓出生寒門的百姓也有機會任官，打破了傳統的世卿世祿制。可是到東漢中後期，無論中央的徵辟還是地方的察舉，都為世家大族和名士所操縱和壟斷。

台下的七位弟子席地跽坐
聽課，手中各捧簡牘。

經學老師戴冠着袍，依榻凭几，
右手伸出，似正侃侃而談。

侍者站立，左手握便面為老師扇風納涼，
右手操棰以鎮學規。

· 石刻講學

一位長者在台上授課，台下有七位弟
子列跽聽課，手中各捧簡牘。講者旁
站一扛捧執扇的人，一邊為老師扇風
納涼，一邊維持學堂秩序。經師依榻
凭几，其上有遮蔽灰塵的「承塵」。

· 劉勝墓土凭几而坐的玉人

· 跽坐

跽指原本坐着，但表示
敬意，或出於警惕，抬
起臀部，直起身子，兩
膝着席，不挨腳跟。

前排首位學生手執牘，第二位學生彎腰低頭。
八位學生依次席地跽坐，恭聽教誨。

兩位經學老師戴冠着袍，扶几
端坐。

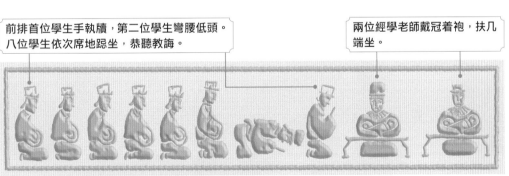

· 石刻問學

漢以來的講經圖，經師和學員皆是戴進賢冠，寬袖長袍。

東漢晚期大名士穎川陳寔

「名士」是習見於東漢的一種稱呼。陳寔與郭泰是東漢末年的大名士，都出身寒微，非門第士族。兩人的出現，大大影響了東漢名士的地位。

　　陳寔（104年─187年）字仲弓，潁川許縣（今河南長葛）人，曾任太邱長。范曄定名士為「刻情修容，依倚道藝，以就其聲價」，以「經明行修」而成社會所景仰。東漢晚期名士的活動對於當時的政治起了相當大的作用，特別是選舉，幾乎起決定性的作用。日本學者渡邊義浩進一步說東漢晚期的名士，是由依賴門第的士族而轉向獨立的名士和「名士群」；陳寔就是最典範的大名士。

　　184年，大將軍何進解除黨錮，時陳寔年已70歲，退隱丘山，不應表徵出仕。是時陳寔與兩個兒子陳紀（字元方）及陳諶（字季方），三父子「並著高名，時號三君」。當時的大名士陳登（字元龍）曾說過：「閨門雍穆，有德有行，吾敬陳元方兄弟」。陳寔中平四年卒，年84歲。赴葬禮者三萬人，蔡邕為之作碑，稱《陳太丘碑》，謚為文範先生。孫子陳群是漢魏重臣，制定「九品官人」的選拔人才法，是魏晉「九品中正」的濫觴。到今日的陳姓族譜，如奉潁川源流的，都以陳寔為宗族典範人物。（參考渡邊義浩《三國政權的構造與名士》；唐長孺《魏晉南北朝史論集拾遺》）

· 陳元方殘碑
陳元方名紀，是陳寔的長子，東漢末著名名士。
（許昌博物館藏）

· 重修漢文範先生陳公廟碑記
（鄢陵縣文館所藏）

第④章

蒼天已死

黄天當立

3 東漢末年，自桓帝時開始，不斷發生旱、澇、瘟疫等自然災害。這雖然是天災，其實也是人禍。人為失政，令百政不舉，農田水利等設施長期失修、失防；到天災到來，失救、失援，便成了人禍。以致全國流民四起，爆發大大小小的造反和動亂。

在眾多的造反叛亂之中，最直接動搖了東漢朝廷統治的是靈帝中平元年（184年），由創立「太平道」的張角等人號令的叛亂。說到三國歷史，不少學者以184年黃巾之亂作為開始。

關東出相
關西出將

　　天災是大自然的現象，無可避免。天災發生後，會否造成更大的災難，視乎當時的官府是政通，還是政失。即使到了現代社會，如遭遇上自然大災難，是否得到及時和妥善的救援，也反映了當時的政治和社會管治的好與壞。當前的世界因天災再釀人禍，而致草菅人命的情況觸目可見。東漢末年朝廷和地方政府的失政，加重了天災的禍患，完全是一種「天災人禍」。天災人禍造成了「地廣而不得耕，民眾而無所食」的慘況。叛亂者張角提出了「蒼天已死，黃天當立」的口號，影響範圍幾乎遍及全國，叛亂的目標也很明確，就是要推翻漢王朝的統治。太平道的叛亂，歷史上稱為「黃巾之亂」。古代中國有一個顯著的歷史現象 —— 叛亂多起於農民。很顯然是由於中國一直以農立國，農業是主要的經濟生產，農民人口也是主要的人口；民生的好壞，影響最大的自然是農民。以農民為主的流民叛亂組織，也多靠宗教信仰與簡單口號作號召和維繫。

　　黃巾之亂的叛變主力，集中在冀州巨鹿（今河北平鄉）、豫州穎川（今河南許昌）及荊州南陽（今河南南陽）三個地方。冀州，由張角三兄弟率領；穎川，由波才率領；南陽，是由張曼成率領。朝廷起用了皇甫嵩、朱儁、盧植三位重臣，分別率領朝廷的軍隊加以鎮壓。

　　黃巾之亂前後歷時九個月，黃巾軍的主要力量最後被逐個擊敗。在征討黃巾軍的將領中，盧植以拒賄而遭撤職入罪。皇甫嵩率領的軍隊最為強大，河北和河南穎川的黃巾軍都是他平定的。皇甫嵩是與邊疆地區羌人作戰的名將、皇甫規的兄長皇甫節的兒子。皇甫節曾任雁門太守，而嵩曾任北地太守，都是邊塞重地的大臣，所以皇甫氏是邊將的世家。東漢末年和三國時期，擅戰的將領和軍隊多出於邊壤地區久習戰事。

　　東漢的歷史，又有一個特別的人才現象，是「關東出相，關西出將」，全國地區人才，文武分途，這現象，不僅是東漢人才結構的實況。漢末三國著名的「軍團」和戰將大多出於邊塞。很多重要和著名的將領，都是邊壤地區出身的，如大家最熟悉的劉備、關羽、張飛和趙雲，都是出身於「幽（今河北）并（今山西）」的邊壤地區，此外還有呂布、張遼等將領亦是。

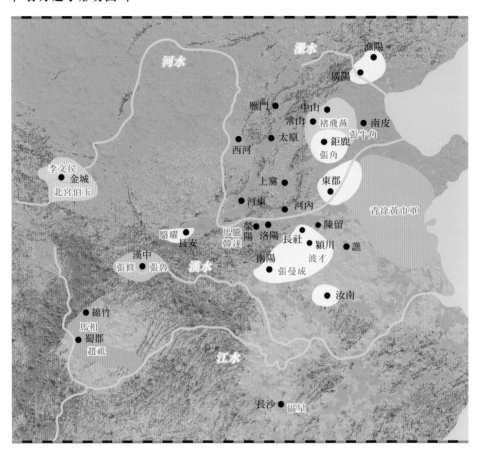

河水

漯水

漁陽

廣陽

雁門　中山
常山　褚飛燕　南皮
太原　鉅鹿　張牛角
西河　張角

李文侯
金城
北宮伯玉

上黨　東郡

河東　河內　青徐黃巾軍

略陽　榮陽　陳留
馬騰韓遂　洛陽　潁川　譙
長安　長社　波才
漢中　南陽
張修　張魯　張曼成

漢水

汝南

綿竹
馬相
蜀郡
趙祇

江水

長沙　區星

　184 年黃巾軍起事地區　　　184 年五斗米教割據地區　　　184 年羌胡叛亂區域
　185 年黑山軍起事地區　　　187 年馬騰韓遂叛亂區域　　　187 年區星民變區域
　188 年白波軍起事區域　　　188 年黃巾軍起事區域

形成地方
勢力割據

　　這樣的人才分途現象，有更深層的意義。正如錢穆指出，東漢時期對朝廷的軍事挑釁，多出於邊壤，因長期對邊釁的征戰，而大大耗損了東漢的國力。錢穆更從中國歷史長遠發展的視野去看，指出「黃河西部的武力與東部的經濟、文化相凝合，而造成秦、漢之全盛。東漢以來，東方人漸漸忘棄西方，西方得不到東方經濟、文化之潤澤而衰落，而東方的文化、經濟，亦為西方武力所破毀。」[註1]

　　黃巾主力雖然被撲滅，但是分散在各地的黃巾軍，尤其在青州、徐州、并州、幽州等地區，餘部仍在，繼續進行叛亂。除了黃巾軍之外，另有冀州的黑山等地，仍有黃龍、白波等不同名號的各種叛亂，仍持續了相當的時日。黃巾之亂最後算是被撲滅，但是，經過幾乎遍及全國的大小叛亂的破壞，東漢政權在地方上的統治，已搖搖欲墜，分崩離析了。在征討黃巾的過程中，也形成了大大小小的地方武裝割據勢力，擁兵自重。所以說到三國歷史，不少學者以184 年黃巾之亂作為開始，是有一定道理的。

（註1）　　錢穆《國史大綱》

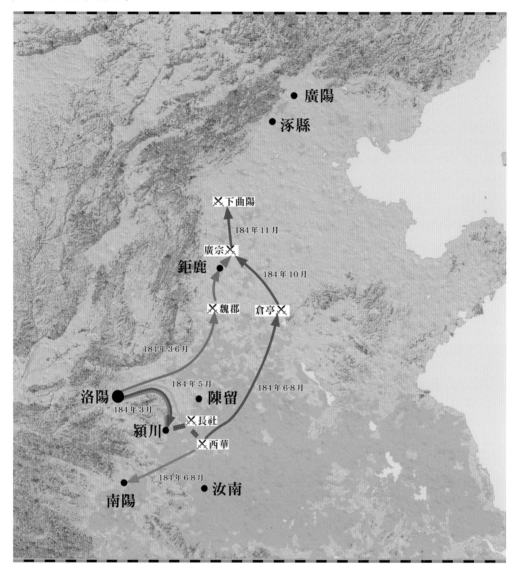

● 廣陽

● 涿縣

✗下曲陽

184 年 11 月

廣宗✗

鉅鹿 ●

184 年 10 月

✗魏郡　倉亭✗

184 年 3-6 月

184 年 5 月

洛陽 ●　　　陳留 ●

184 年 3 月

184 年 6-8 月

✗長社

潁川 ●　✗西華

184 年 6-8 月　汝南 ●

南陽 ●

━━━━ 盧植平叛　　━━━━ 皇甫嵩平叛　　━━━━ 朱儁平叛　　━━━━ 曹操出擊　　━━━━ 劉備出擊

✗ 戰場

年份（公元）	征伐將軍	征伐路線	討伐黃巾軍
184 年 3 月—6 月	盧植	洛陽→魏郡→鉅鹿→廣宗	張角
184 年 3 月	皇甫嵩、朱儁	洛陽→潁川→長社	波才
184 年 5 月	皇甫嵩、朱儁、騎都尉曹操	長社	波才
184 年 6 月	皇甫嵩、朱儁	潁川→陽翟→西華	波才
184 年 6 月—8 月	朱儁	西華→宛	張曼成
184 年 8 月—10 月	皇甫嵩	西華→蒼亭→廣宗	張梁
184 年 11 月	皇甫嵩	廣宗→下曲陽	張寶

皇甫嵩（生年不詳—195 年）

字義真，漢末名將。今寧夏彭陽人，生於將帥之家。自小習弓馬，讀詩書。後被舉為孝廉與茂才，至靈帝時，遷至北地太守。184 年，黃巾起義。朝廷慌亂，遣嵩領軍平亂。初時，敵多兵寡，被困於潁川，軍中慌恐。嵩觀敵營依草而駐紮，趁夜火燒敵營。而時援兵恰至，遂共破黃巾主力。由此，聲名大振，因性情不阿，不願賄賂宦官張讓，被皇帝降官爵。

朱　儁（生年不詳—195 年）

字公偉，漢末名將，今浙江紹興人。出生寒微，與母相依，敬孝重義，鄉里皆敬之。初為縣門下書佐，後任主簿。被舉為孝廉，升任蘭陵令。時逢黃巾兵起，儁拜右中郎將，與皇甫嵩共戰潁川、汝南、陳國諸地；後破黃巾渠帥孫夏，斬敵萬餘。由此，進封西鄉侯，遷鎮賊中郎將。185 年凱旋還京，任光祿大夫，改封錢塘侯。

盧　植（139 年—192 年）

字子幹，今河北涿州人。漢末將領，經學家，文武皆通。劉備、劉德然、公孫瓚皆為其門生。184 年，植拜中郎將討黃巾軍，連戰連捷。然被讒於宦臣左豐，險遭死罪。後黃巾被平，復任尚書。

東漢以來的神仙思想

東漢時期出土的墓葬、石刻和磚石等不同文物的畫像中，大量的主題都在表現追求長生不老、羽化升仙的思想，這種畫像的主題內容與當時流行的陰陽五行理念一致，是東漢道教出現的思想土壤。

一說是麒麟，古代神話中的神獸。首似羊、形如馬、狀比麋（獐子），雄謂麟，無角。雌謂麒，有一角。口能吐火，相傳只有在太平盛世或有聖人時才會出現，所以被稱為瑞獸。另說是飛廉，傳說中的風神。鹿身、雀頭、短尾似蛇，毛色為豹子特有的斑點紋。巨口大張，狀如簸箕，從口中簸揚出滾滾風氣。在飛行時不斷扇動雙翼，便產生了風。風與民生有密切關係，它能引雨滋潤農作物生長，也能造成自然災害。

· 卜千秋墓壁畫升仙圖

河南洛陽的卜千秋墓壁畫保存得極為完整，內容新奇，彩色壁畫極其精美，栩栩如生，是研究漢朝壁畫文化藝術的珍貴資料。（劉煒提供）

北斗七星，由七顆耀眼的星曜組合而成，其形狀令人聯想起古代舀酒的斗形，故稱為斗。由於它在北天，被稱為北斗。北斗隨地球自轉而圍繞北極旋轉，斗柄指向東南西北，便是春夏秋冬。

白虎，四大神獸之一。位於西方，白色，五行屬金。古人認為白虎乃禦凶食鬼的百獸之王，有它在側，可以掃除升仙路的障礙。

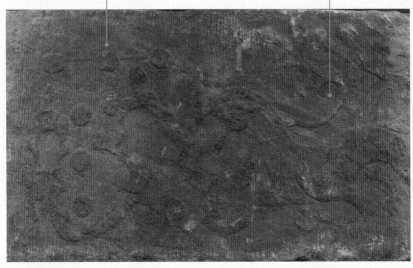

· 白虎星座畫像石
（南陽市博物館藏）

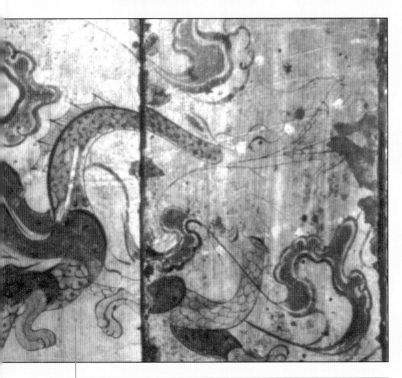

青龍，四大神獸之一。位於東方，青色，五行屬木。古人認為龍能飛騰九天、入潛深淵、噴雲吐霧、興風作雨，還能載人升天，本領極大。它不僅能鎮墓辟邪，還能導引墓主卜千秋魂升仙所乘之坐騎。

左刻一日輪，日輪中間刻三足鳥。

右刻一月輪，月輪中間刻蟾蜍與玉兔。

· 日月同輝畫像石

漢人將日月視為升仙得道的歸宿，希望日月同輝，寓意陰陽和諧，天人合一。（南陽市博物館藏）

· 伏羲女媧

石刻正中位置為伏羲女媧交尾，執華蓋，擁日月。被視為華夏始祖兼日月神的伏羲和女媧，作對偶神二尾相交，蘊含了陰陽交合、夫妻和諧的象徵意義。（南陽市博物館藏）

中國最早本土宗教

東漢末年出現的太平道和五斗米道是道教中的重要宗派。

東漢末年，社會上流行最廣的宗教是道教，又稱「天師道」。道教是中國的本土宗教，淵源可追溯到戰國以來的「方仙道」與秦漢時期的「黃老道」。不過，發展成為有組織的道教，則在東漢順、桓二帝的期間。天師道的道旨，以陰陽五行為主，而滲以巫覡雜語。

五斗米道亦稱天師道，天師道的出現，標誌着作為中國最早的本土宗教 ── 道教的正式創立。五斗米道的創始人是沛國豐（今江蘇豐縣）人張陵（又稱張道陵，34 年－156 年），於東漢順帝漢安元年（142 年）創立五斗米道。張陵於今四川大邑縣境鶴鳴山宣導五斗米道，奉老子李耳為教主，以《道德經》為主要經典，用符水念咒行醫治病、救世濟人為號召，並教人奉道悔過。廣收徒眾，宣稱人得道，便得長生。入道者和病者要出五斗米，所以稱「五斗米道」。後人稱張陵為天師，其子張衡、孫張魯稱為嗣師、系師。到張魯佔據漢中後，實行政教合一的統治。包括設立義舍，義舍備有米、肉等糧食供人自由取食，又大力擴建教團的組織。當時道徒已遍佈巴蜀，影響遠及洛陽。建安二十年（215 年）張魯投降曹操，大量信徒流入北方和江南一帶，五斗米道逐漸向全國發展。[註1]

　　太平道創始人是鉅鹿（今河北平鄉）人張角，於東漢靈帝熹元年（172 年）創立太平道，活動地域在河北一帶，因為信奉《太平經》而得名。傳道的方法是以符水、符咒為人治病，廣招弟子。並派遣弟子八人奔赴各方。在短短的十餘年間，全國十二州中有八州的百姓加入太平道，道徒達數十萬人。以土為吉，崇尚黃色，因此也稱「黃巾道」、「黃老道」。他們甚有組織，張角為天公將軍、其弟張寶為地公將軍及張梁為人公將軍。同時組織遍佈青、徐、幽、冀、荊、揚、兗、豫八州。信徒以「方」為單位編成教區組織，全國共設 36 方。大方有萬餘人，小方有六七千人，各方均設渠帥總領其事。

　　在四川大邑縣城西 18 公里的三豐村，屬於岷山山系。鶴鳴山公認是中國道教發源地、世界道教的朝聖地，又名鵠鳴山，有道國仙都、道教祖庭之譽。在張陵創教之前，鶴鳴山一直是異人的修煉之地，故名為鶴鳴山。漢末張陵學道於鶴鳴山，造作道書，自稱太清玄元。張陵死後，子張衡傳其業，張衡死，子張魯傳其業。魯字公祺，以鬼道見信於益州牧劉焉。

（註 1）　唐長孺〈太平道與天師道──札記十一篇〉《唐長孺文存》

| 太平道的組織架構圖 |

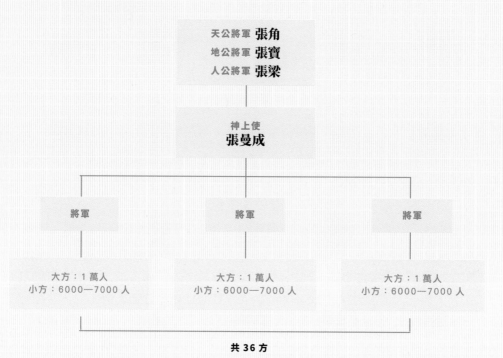

天公將軍 **張角**
地公將軍 **張寶**
人公將軍 **張梁**

神上使
張曼成

將軍	將軍	將軍
大方：1 萬人 小方：6000—7000 人	大方：1 萬人 小方：6000—7000 人	大方：1 萬人 小方：6000—7000 人

共 36 方

　　歷代的許多著名道士曾在此修煉過，如唐末五代的杜光庭、北宋道教希夷祖師陳摶、明代著名道士張三丰等都在此修道。一些皇帝也曾到鶴鳴山祭祖，如明成祖朱棣曾親手書御旨迎張三丰到鶴鳴山，明代嘉靖皇帝御命鶴鳴山為五大醮壇之一。與鶴鳴山相距不遠，同屬岷山山系的青城山是張道陵的羽化之地，這也使青城山成為了中國四大道教名山之首。

◎ 蒼天已死，黃天當立 ◎

「蒼天已死，黃天當立」是黃巾起事時所用的口號。「蒼天」是指東漢，「黃天」則代表太平道。這種以顏色劃分朝代的說法，是根據戰國時期「陰陽家」鄒衍的「五德終始」學說而來的。五德終始的理論，以為朝代的興替是根據天道循環的。這種學說主張，金、木、水、火及土五行循環的運行，不但主宰萬物的變化，也主宰了朝代的更替。根據五德終始的相生相剋說法，以火為德、崇尚赤色的漢朝王朝，會由以土為德、崇尚黃色的太平道所代替（火生土），強調這是天命所歸。兩漢以來，社會流行陰陽五行、符瑞圖讖、占卜的風氣。黃巾起事之前，西漢時的王莽篡漢，劉秀的創建東漢，以至東漢末的起事和篡奪，都利用了陰陽五行、符瑞圖讖和占卜製造篡奪政權的輿論。

· 道教祖庭鶴鳴山

傳說東漢天師張道陵曾佈道於此，創立道教。迎仙閣（右圖）為鶴鳴山道觀的山門，上下三層。迎仙閣後是延祥觀，從延祥觀拾級而上，兩旁古木參天。

· 道觀的天師殿

張道陵在鶴鳴山開創五斗米道之後，歷任教首均為張裔子孫。並在元代獲封「世襲留國公」統領三山符籙。而張道陵本人則被奉為祖天師，在各地天師道觀中均有供奉。

· 張三丰手植柏樹

柏樹由張三丰植於明洪武年間，傳說曾有千隻雲鶴棲息於古柏頂部
之第四層枝上，挺立怡然自得。

· 遠望青城山
從都江堰遠望青城山白霧一片，極具道教意景。

· 上清宮
宮門為石砌券洞，上有門樓。當代國畫大師張大千，曾
在此寓居四年多。

· 道教重地青城山

青城山是中國著名的道教名山，傳說張道陵晚年顯道於青城山，並在此羽化，此後，青城山成為
天師道的祖山，全國各地歷代天師均來青城山朝拜祖庭。

第⑤章

董卓亂政

關東軍起

3 靈帝生前，已有「廢嫡立庶」[註1]的打算，即要廢掉由何皇后所生的太子辯，改立王美人所生的兒子協，因朝中大臣反對而未能實行。靈帝將死，於是向大宦官和八校尉[註2]之首蹇碩囑咐後事，着蹇碩擁立王子協做皇帝。但國舅大將軍何進勢力大，靈帝死後，何進擁立太子辯為皇帝，稱為少帝。何進聽從袁紹進言，召董卓進京，引狼入室。

（註1） 「嫡」和「庶」是周代創設的宗法制度之核心，以血統來界定一個人的權位繼承。中國古代實行一夫多妻制，然而妻子之間的地位並不平等。嫡即正妻所生的兒子；庶則是其他妻子所生的兒子。按制度，王位是由嫡長子繼承的。

（註2） 靈帝時為分薄外戚大將軍何進的兵權，而設立屬內宮掌管的內軍，主要負責防禦洛陽的軍事。西園八校尉的領軍首領，「上軍校尉」由宦官蹇碩擔任，其餘七位校尉分別是：「中軍校尉」袁紹、「下軍校尉」鮑鴻、「典軍校尉」曹操、「助軍左校尉」趙融、「助軍右校尉」馮芳、「左校尉」夏牟及「右校尉」淳于瓊。

涼州兵團與
并州兵團

在東漢末和三國時期，出現了不少地區性的兵團。其中以「涼州兵團」和「并州兵團」等邊壤地區兵團，戰鬥力最強。董卓進入洛陽後，迅速控制了朝廷，全憑他所擁有的軍事優勢 —— 他掌控了當時最強悍的涼州兵團和并州兵團。

東漢末年的全國軍事力量，全是屬於邊壤地區的胡兵或胡漢混合的兵團。「且天下之權勇，今見在者不過并、涼、匈奴、屠各、湟中、義從、八種西羌，皆百姓素所畏服。」（《三國志・魏書・鄭渾傳》裴松之註引張璠《漢紀》）

涼州又稱西州，即今日甘肅省西南部的地方，并州即今山西。當時兩地都是胡漢雜居的地區，邊塞之地。生活習慣是「鞍馬為居，射獵為業」，軍隊將兵由秦（漢人）胡（非漢族人）組成。在東漢末群雄競爭中，不少重要的戰將出身於這兩個兵團。身屬董卓的涼州兵團的將士，有牛輔、李傕、郭汜、張濟、樊稠、李蒙、王方、胡軫、楊定、段煨及徐榮等人；身屬丁原的并州兵團有呂布、張楊及張遼等人。

黃河阻隔了并州和關中及隴西的聯繫，使并州地區在地理上與涼州截然分開，容易形成東西分裂。王允和呂布是并州人，故此兩人聯合密謀誅殺董卓。董卓死後，涼州軍團的李傕、郭汜水火不容，并、涼州軍的嚴重隔閡也是原因。兩地人士都強悍善戰，形成戰鬥力強悍的涼州兵和并州兵。

袁紹能力
不如曹操

何進不僅治塞碩死罪，並想趁機誅殺宮中宦官勢力；但因受了宦官的唆擺，何太后卻反對誅殺宦官。何進聽從了八校尉之一的袁紹的進言，召令「并州軍」的丁原和「西涼軍」的董卓進京相助，以威迫何太后。何進此舉，當時朝中有識之士如曹操等都持反對的意見，認為無疑引狼入室，可惜不為何進與袁紹接納。從處理這事件的政治識見和歷練，也反映了袁紹不如曹操。

宮中宦官得到消息，騙取了何太后的懿旨，傳召何進入內宮，在宮中擊殺

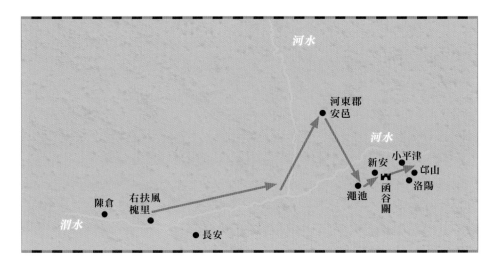

何進。袁紹和後將軍堂弟袁術等聞訊後，在宮中和城中盡數搜殺宦官。少數宦官挾持少帝倉惶逃走，在黃河邊上的小平津（今河南孟縣）地方，碰上應召率兵入京的董卓。在董卓的脅持下，再折返京師洛陽。

以軍力
震懾大臣

　　董卓率領的西涼兵，原本只不過 3000 人。進京後，董卓首先吞掉了原來屬何進及其弟何苗的「部曲」。董卓率領到京的西涼兵，人數雖然不多，但因在邊壤地區久經征伐，既強悍又野蠻。董卓本人作風，又深受西陲邊地胡化，是一個很殘暴的軍閥。董卓入京後，運用詭計，安排士兵乘夜出城，日間再入城。這樣不斷進進出出，製造成士兵源源不絕進城的假像，以示軍力雄厚。

　　他又誘使原屬并州軍、以驍武著稱的呂布，叛殺了原在京師、擁有最大軍事實力的并州軍首領、義父丁原。並威迫袁紹和鮑信，奪取二人在中央擁有的兵權。經過這樣種種的部署，董卓便擁有了軍事力量的優勢，以此震懾朝中文武大臣及地方大宦，把持了朝政。不久，廢掉少帝，改立協為獻帝。董卓在朝

廷獨攬大權後，隨意暴虐和殺戮大臣。縱容軍隊四出搶劫虜掠，到了無惡不作的瘋狂地步。

　　董卓雖然也收買和籠絡一些清流名士和朝廷官僚大員，任命為中央或地方大員，以裝門面。但是大部分被籠絡和懷柔的人士，並不願意與他合作。或因忌忡而被殺，或相機出逃京城。只有一部分人，如王允、蔡邕、何顒、荀攸、周毖、伍瓊、鄭泰及荀爽的等官僚和名士，留在朝廷委身降志，曲以奉承，以求保存漢室。

| 董卓生平年表 |

年份（公元）	年齡	事　件
？年	1 歲	出生於涼州隴西郡臨洮縣（今甘肅岷縣），漢胡混血。
167 年	？歲	跟隨中郎將張奐征并州有功，任命郎中。
184 年	？歲	黃巾之亂爆發，朝廷任命董卓為中郎將，代替盧植與黃巾首領張角作戰，兵敗免官。
188 年	？歲	朝廷任命董卓為前將軍，封鰲鄉侯。
189 年	？歲	朝廷徵董卓為并州牧，卓不奉詔。董卓前往北芒迎少帝回宮。9 月，廢少帝改立劉協為獻帝。11 月，自封相國。
190 年	？歲	2 月，關東軍反董聯盟成立。董卓遷都長安。
191 年	？歲	2 月，董卓為太師。同月，孫堅敗董卓軍隊。董卓還長安。
192 年	？歲	4 月，呂布刺殺董卓，結束三年的亂政。

＊年齡無史料記載

曹孫劉參
與討董

董卓獨攬朝政的所作所為，可以用無法無天、窮凶極惡去形容；董卓的暴行，也激起了由洛陽避走關東諸州郡的官僚和名士的憤怒。在獻帝初平元年（190年）年初，先由東郡太守橋瑁，詐以京師三公移書給州郡，痛陳董卓罪惡，期望義兵以解國難。然後，廣陵功曹臧洪響應，首先揭竿起義，動員力量，以圖軍事反抗董卓。一時關東大小地方勢力紛紛響應，集結起來，由臧洪主持會盟。再遙推袁紹為盟主，組成了「關東討董盟軍」，聲勢不少。

當時個人聲望和勢力並不大，日後卻奠定了魏、蜀、吳三國鼎立局面的孫堅、曹操及劉備三人，都曾參與其中。劉備其時的作為，史書記載不詳，相信是擔負一些跑跑龍套的角色，不像《三國演義》所說的，一出場就成為主角。孫堅與曹操，卻有亮眼的表現。關東盟軍在洛陽的北、東、南三面形成包圍的態勢，為對付關東盟軍的包圍，董卓軍隊在洛陽的外圍，部署防禦陣線，據關以作對抗。

結盟的關東軍，原本聲勢也不少。不過，結盟的「群雄」，當然也包括了一些未加入盟軍的地方割據勢力，目睹東漢王朝的行將崩潰，都各懷私心，自有盤算，想藉此次討伐董卓的機會，壯大自己的軍事力量和擴展自己的地盤。對於討伐董卓的實際行動，各懷鬼胎，只是虛張聲勢，按兵不動，保留自己的實力。所謂盟軍，只整日「置酒高會」，無多少行動。對於這種情況，身處其中、討董態度積極的曹操，曾寫下了《薤露行》（粵音械）和《蒿里行》二首詩，反映了當時討董軍的真實狀況，也表達了他心中激憤之情。《蒿里行》曰：

> 關東有義士，興兵討群凶。
> 初期會盟津，乃心在咸陽。
> 軍合力不齊，躊躇而雁行。
> 勢利使人爭，嗣還自相戕。
> 淮南弟稱號，刻璽於北方。
> 鎧甲生蟣蝨，萬姓以死亡。
> 白骨露於野，千里無雞鳴。
> 生民百遺一，念之斷人腸。

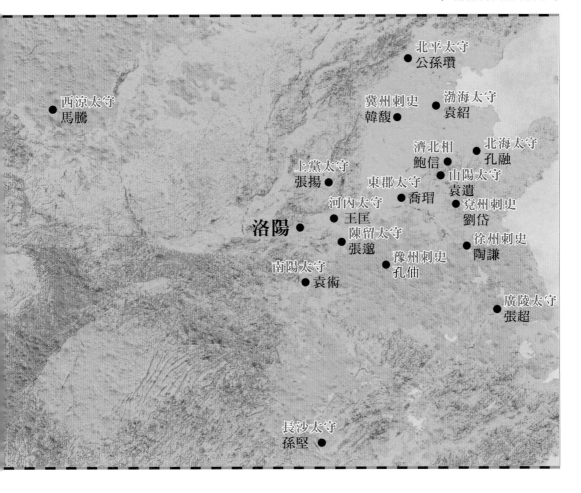

西涼太守
馬騰

北平太守
公孫瓚

冀州刺史
韓馥

渤海太守
袁紹

濟北相
鮑信

北海太守
孔融

上黨太守
張揚

東郡太守
喬瑁

山陽太守
袁遺

河內太守
王匡

兗州刺史
劉岱

洛陽

陳留太守
張邈

豫州刺史
孔伷

徐州刺史
陶謙

南陽太守
袁術

廣陵太守
張超

長沙太守
孫堅

| 諸侯討董卓圖 |

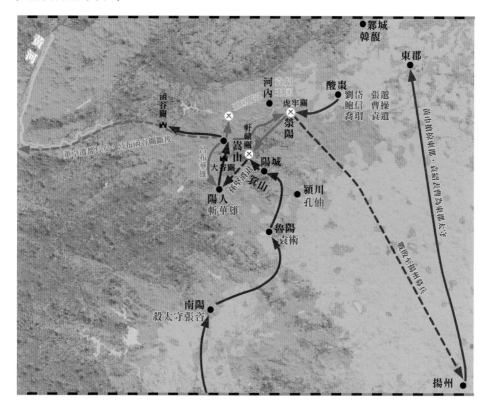

黃河

鄴城
韓馥

東郡

河內　袁紹王匡

酸棗
劉岱　張邈
鮑信　曹操
喬瑁　袁遺

函谷關

虎牢關

董卓遷都關東反，呂布函谷關斷後

軒轅關
嵩山
大谷關

呂布華雄

滎陽

陽城

孫堅潰退

寶山

潁川
孔伷

陽人
斬華雄

魯陽
袁術

黃巾賊掠東郡，袁紹表曹為東郡太守

戰敗往揚州募兵

南陽
殺太守張咨

揚州

── 孫堅進軍　--- 孫堅潰退　── 董卓進軍　── 曹操進軍　--- 曹操退軍　── 王匡進軍

·虎牢關隘遺址
虎牢關不遠處便是黃河。（劉煒提供）

·虎牢關石碑
（劉煒提供）

虎牢關，又稱汜水關、成皋關。虎牢關是洛陽東邊的門戶和重要的關隘，因周穆王在此牢虎而得名。虎牢關北靠黃河，南處嵩山，東接汜河，西連鞏義，山嶺交錯，自成天險，是通往關中的要道，素有「鎖天中樞、三秦咽喉」之稱。這種依山傍河的地勢，使虎牢關成為中原戰場重要關隘，有「一夫當關，萬夫莫開」之勢，只要拿下虎牢關，便可以直取洛陽，是歷來兵家必爭之地。《三國演義》中，繪影繪聲的「三英戰呂布」，是虛構的情節。歷史的真實卻是，曹操在滎陽汜水鎮敗於董卓手下中郎將徐榮，虎牢關就在現在的汜水鎮。

強令西遷
慘絕人寰

在「關東討董盟軍」討伐的實際行動中，作為次要角色的曹操和孫堅，倒是認真地跟董卓的軍隊交過手，可惜兩人都敗於董卓的大將徐榮之手。但他們並不氣餒，再次招集兵馬，繼續對抗董卓軍。尤其是孫堅，初次敗於徐榮後，在陽人（今河南汝陽東）再次挑戰董卓，打敗了董卓大將胡軫，斬殺華雄。揮軍西進，擊破呂布。孫堅乘勢率軍攻入洛陽，引起董卓的恐慌。

董卓軍的戰敗，固然是孫堅的勇猛善戰。另外，西涼兵和并州兵兩個兵團之間的內訌，也是軍敗的關鍵。在孫堅與董軍的戰鬥中，代表涼州軍的胡軫和并州軍的呂布甚至互相敵對，以至不戰而潰，為孫堅軍所乘。而關東盟軍的其他人，一無所為，袁術甚至抵制了孫堅的軍事行動。

在此之前，董卓因為女婿牛輔討伐白波谷（今山西汾城縣）的黃巾餘部失敗，白波黃巾進入黃河北岸的河東郡（今山西夏縣）直逼崤函。董卓恐怕洛陽西路被截斷，如今孫堅勢銳，董卓為自保，強令獻帝和群臣由首都洛陽西遷，至接近其涼州老巢的長安。同時部署大軍固守崤函。董卓大隊動身時，焚毀洛陽 200 里內的宮廟、官府和居室，發掘諸帝和公卿的陵墓，掠奪官府富戶的財寶，強迫數百萬人遷徙。沿途鞭打遷徙者，以至積屍滿路，慘絕人寰。當時的交通工具和交通情況，數百萬人扶老攜幼，慘況可以想像。

飛寒沙莽莽無南北
之霜霖風土蕭條近胡國萬里重陰烏不
腥臕豈似人犲狼喜怒難姑息行盡天山
馬上將余向絕域厭生求死死不得戎羯

· 《胡笳十八拍》

上圖：文姬出塞圖　下圖：文姬歸漢圖

蔡文姬是漢末三國多才多藝的著名女性，一生傳奇，所以她的事跡一直成為中國文學藝術創作品主角。蔡琰，字文姬，漢末大儒蔡邕的女兒，生卒年不詳。蔡琰博學多才，精通音律。16歲嫁河東衛仲道，夫死無子，歸母家。漢末大亂，為董卓部將所虜，歸南匈奴左賢王，居匈奴11年，生二子。曹操念蔡邕無後，遣使以金璧贖回，再嫁同郡董祀。有《蔡文姬集》一卷，已亡佚。存世有五言《悲憤詩》、騷體《悲憤詩》和《胡笳十八拍》。一般認為五言《悲憤詩》是蔡作品，騷體《悲憤詩》是晉人偽作。

著名東漢三國的女文學家蔡文姬親歷其景，寫下了《悲憤詩》長詩，記下了董卓強迫官民西遷，途中慘絕人寰的實況。

漢季失權柄，董卓亂天常。
志欲圖篡弒，先害諸賢良。
逼迫遷舊邦，擁主以自彊。
海內興義師，欲共討不祥。
卓眾來東下，金甲耀日光。
平土人脆弱，來兵皆胡羌。
獵野圍城邑，所向悉破亡。
斬截無孑遺，屍骸相撐拒。
馬邊懸男頭，馬後載婦女。
長驅西入關，迥路險且阻。
還顧邈冥冥，肝脾為爛腐。
所略有萬計，不得令屯聚。
或有骨肉俱，欲言不敢語。
失意機微間，輒言斃降虜。
要當以亭刃，我曹不活汝。
豈復惜性命，不堪其詈罵。
或便加棰杖，毒痛參並下。
旦則號泣行，夜則悲吟坐。

呂布與貂蟬相會鳳儀亭　董培新　繪畫

貂蟬是《三國演義》中的第一美人、司徒王允的義女。《三國演義》中王允利用貂蟬的美貌，施展美人計，使呂布與董卓為貂蟬而反目成仇，最後更釀成呂布刺殺董卓。正史中只一言半語透露呂布與董卓的侍婢有私通，並無隻言片語提及貂蟬這人物的存在。貂蟬只是一個文學上虛構的人物，呂布之殺董卓的誘因，一是因為懷恨董卓向他擲戟一事，二是呂布私通董卓的侍婢，恐為董卓追究。但由於《三國演義》這段故事廣泛流傳，且成為中國傳統各種劇種曲目的熱門題材。貂蟬竟與西施、王昭君、楊貴妃被譽為「中國四大美人」之一，四人中只有貂蟬是虛構的人物。三國歷史真說到的美人，倒是大小二喬、甄夫人、秦夫人和杜氏幾位。

王允呂布誅殺董卓

西遷長安以後的董卓，自立為太師，仍不改其野蠻專橫的作風，行事殘暴不仁。192 年在司徒王允和司隸校尉黃琬的密謀下，串通了董卓的心腹大將，又是義子的呂布，誅殺了董卓。董卓被殺的消息傳出，長安城中的百姓，歌舞於道，喝酒吃肉，熱烈慶祝。可見董卓暴政殘民，已到了令人髮指的地步。

董卓死後，王允執政。王允誅殺了董卓，為漢廷消除最大的禍患，本可穩定朝局。可惜，王允雖然忠心於漢廷，敢於冒險犯難，但卻是一個剛愎自用、氣量狹隘的官僚。不懂政治策略，也不擅於權謀。主政後，凡親近董卓的，固然被誅殺掉，連同被迫依附董卓的，也不放過。如享譽甚隆的著名學者、蔡文姬的父親蔡邕，聽聞董卓被誅，只是嘆惜了一聲，竟被下獄至死。王允又不懂安撫和處理仍然手掌握重兵的董卓部下，終於引發董卓部將李傕、郭汜的反叛。領軍兵 10 餘萬攻打長安，擊敗呂布，殺掉王允。自此的兩年多，董卓原來的部將李傕和郭汜等，掌控了朝廷，而中央再次陷入西涼兵為主的軍閥相互爭權的仇殺中。王允的作為，謀事之忠，行事之勇，固然難得；可惜能力不匹配，又居一時高位，終至敗事，而令東漢局面更不可收拾。

話說《三國演義》

正如清代史學家章學誠所說，「《三國演義》則七分實事，三分虛構。」

　　《三國演義》寫關東諸雄討伐董卓的故事，情節跌宕，繪影繪聲，引人入勝，深入人心。但是，與正史所載卻有不少出入。有添造的、有張冠李戴的，不一而足。以下就幾個廣為人知的故事，澄清一下，以辨歷史與小說之別。

· 曹操欲殺董卓

曹操欲殺董卓

《三國演義》第四回中，說曹操在洛陽時，向司徒王允借了「七星寶刀」，要去刺殺董卓。正要下手之際，董卓忽然從鏡中看到曹操拔刀在手，急問曹操要做甚麼。曹操於是將計就計，將寶刀獻給董卓，並以試馬為由，逃出洛陽。這段描述盡顯曹操的機智，但正史並無相關的記載，羅貫中或參考了孫盛著作《異同雜語》，移花接木。在《異同雜語》中，曹操所刺殺的是宦官張讓，而非董卓。

關羽斬華雄

在《三國演義》的第五回，有威風凜凜的關羽「溫酒斬華雄」的情節。描述董卓廢少帝劉辯而立陳留王劉協為帝後，執政殘暴不仁。以袁紹、曹操等人組成的討董聯盟，前鋒孫堅在進汜水關時被華雄擊敗。在潘鳳等大將接連被華雄斬殺時，關羽請纓前去戰華雄，在溫酒未冷卻的極短時間內斬殺華雄。故事雖然引人入勝，大家也耳熟能詳。但真實的歷史上，華雄並非為關羽所殺；殺華雄的反倒是《三國演義》中為華雄所敗的孫堅。

· 三義廟

中國甚至外國，祭祀關羽的關帝廟多不勝數，而以於虎牢關上的三義廟出現最早。圖中所見的廟，建於 2008 年，仿漢代建築式樣。

三英戰呂布

　　故事出自於《三國演義》的第五回，當時曹操聯合十八路諸侯一同攻打董卓，然而董卓麾下猛將呂布武術高超，天下無敵。戰場上，接連殺傷盟軍中的大將多人，最後張飛、關羽及劉備三人夾攻呂布，才把呂布殺退。然而，正史如《三國志》沒有被提及。在《三國志‧武帝紀》中，當時討伐的諸侯中，劉備所投靠的公孫瓚也不在列名中，故事純屬後人杜撰。

‧三英戰呂布

第六章

遷都長安

紛亂不止

₃ 東漢都城是在洛陽。初平元年（190年）董卓迫於關東討董軍的威脅，脅持獻帝和朝廷，西遷到長安。在長安的董卓，實際上已成為孤立的勢力，朝廷對全國的統治，完全失控。

全國地方州郡大員，擁兵自重，王令不行，各行其是，甚至到了不經朝廷，而自授或私相授受州郡將軍的名號。東漢王朝走到這一步，實際上已經崩潰，看如何收拾殘局而已。兩年後的 192 年，董卓被司徒王允和呂布設計誅殺後，各地的割據勢力，更肆無忌憚，相互兼併和混戰，全國陷入全面分裂的局面。

朝廷淪落西涼
將領手中

董卓雖然被誅殺，身處長安朝廷、原屬并州軍的呂布，抵抗不住屬董卓西涼軍的將領李傕和郭汜，只好逃出長安，遠遁關東。朝廷又為李傕和郭汜等人所把持，他們擅權暴虐，擾亂朝綱，朝中混亂的情況，比董卓時更嚴重。到了195年二月，西涼軍的將領之間，自己也發生了內訌，相互攻伐。首先是李傕殺死右將軍樊稠，再與郭汜互相攻伐，混戰了好幾個月。到了六月，李傕的部將楊奉叛變，而鎮東將軍張濟、河內太守張楊等將領之間也相互攻伐。在長安的獻帝和大臣相繼被脅持下，輾轉淪落在這些西涼將領手中，成為他們的傀儡和人質。

受着不同將軍的脅持，獻帝與隨行大臣，由長安遷徙到新豐（今陝西臨潼縣東北），再東轉到弘農（今河南靈寶市北），最後渡黃河就住於安邑（今山西夏縣西北）。君臣顛沛流離，惶惶不可終日。196年七月，獻帝和隨行大臣，終於在楊奉的護送下，回到已殘破不堪的舊都洛陽。當時的皇帝和朝廷，雖然是自身不保，岌岌可危，到底名義上還是王朝權力的最高象徵，淪為擺設維持體面，已無關大局了。

| 西北涼州混戰時序圖 |

董卓部將李傕、郭汜等攻入長安，殺王允。呂布逃奔袁術，後改歸河內張楊，未幾再投袁紹。馬騰及韓遂被董卓遊説出兵進京，兩人到達長安。李傕等人拜韓遂為鎮西將軍，遣還金城。馬騰為征西將軍，屯於郿。

馬騰進屯霸橋，有私事求於李傕，沒得應允。馬騰得朝廷大臣相助，攻打李傕、郭汜等人。事情敗露，馬韓聯軍敗退回涼州。

關中涼州董卓部將相互內鬨。李傕殺樊稠，與郭汜相攻。李傕劫持獻帝，郭汜挾公卿為人質。兩人相攻數月，張濟居中調停。獻帝出走長安東行。二年間，關中無復人跡。

馬騰、韓遂返回涼州，李傕等人又與兩人議和，改任馬騰為安狄將軍，韓遂為安羌將軍。不久，馬騰、韓遂又互相攻伐。

192 年　　　　194 年　　　　195 年

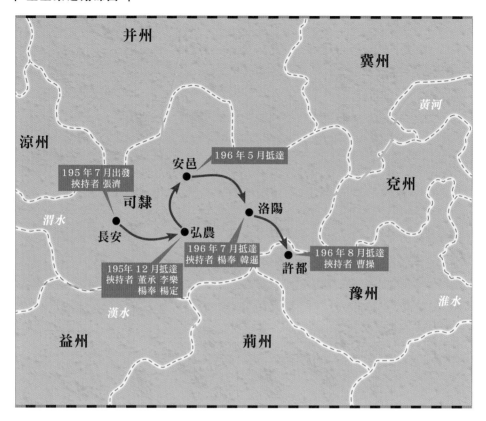

袁紹和曹操
脫穎而出

在朝廷西遷長安後的幾年，全國各地的割據勢力，任意以各種名目和藉口，互相征伐。尤其是關東地區，稱雄爭霸者尤其多，征戰頻繁。「群雄」此起彼落，分合興替，有如走馬看花，令人眼花繚亂。經幾年的混戰，最後，能剿滅群雄，脫穎而出的，分別是雄霸黃河南北的袁紹與曹操。

群雄競爭初期，黃河以北地區，最具勢力的原是袁紹、公孫瓚和劉虞。191 年袁紹使計，騙了原冀州牧韓馥的職位，取得全國最重要的冀州。193 年公孫瓚攻殺劉虞，佔有幽州。黃河以北的形勢，便成為袁紹和公孫瓚兩雄對峙的

局面。袁紹與公孫瓚兩人的爭持，不局限於黃河以北地區，而延伸到黃河以南的地區；也不限於他們兩人之間的直接對抗，在大河南北，又各自結盟，相互抗衡。

在河南地區，屬於袁紹陣營的是曹操；與公孫瓚聯盟的是袁術，還有傾向公孫瓚陣營的徐州牧陶謙，且有原是公孫瓚屬下的田楷和劉備。自191年起，曹操在袁紹直接或背後的支持下，積極擴張勢力。在192到195年的短短三年間，接連戰勝了袁術、公孫瓚、田楷、陶謙和劉備等聯軍，也打敗了張邈、陳宮和呂布等勢力。

同盟間
互相攻伐

群雄所謂同盟陣營，也非鐵板一塊，也會因利益的衝突而時常反目，互相攻伐。196年曹操遷獻帝於許昌，建號建安元年；漢末局勢，進入了一個新階段。經五、六年間的戰爭淘汰，這時的全國形勢，在北方的袁紹，據有冀、青及并三州，勢力最大；公孫瓚據有幽州，而公孫度割據遼東，據隅與袁紹對抗。

在黃河以南的曹操，據有兗州和豫州，勢力也最大；而袁術佔揚州，張繡據南陽，也是負隅抵抗曹操。除此以外，尚有據益州的劉焉、據荊州的劉表、據關隴的韓遂和馬超、據漢中的張魯，也成各據一方的勢力。這段時期，最耀眼的是異軍突起的「江東少年英雄」孫策。年輕孫策用不了幾年，即迅速崛起，稱雄江淮。

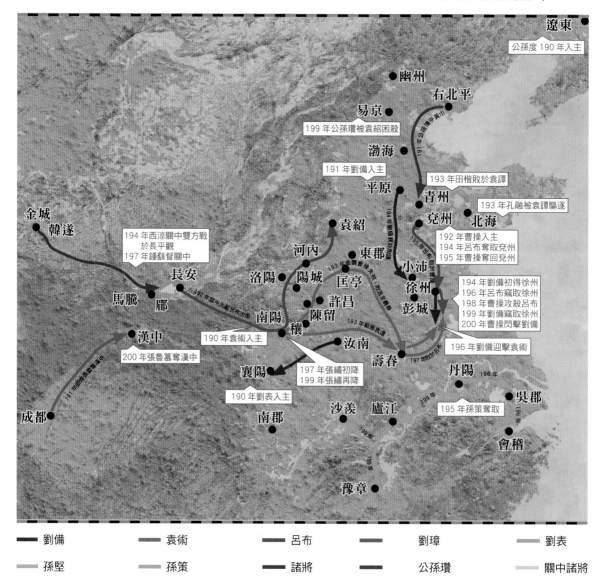

公孫度 190 年入主

遼東

幽州

右北平

易京

199 年公孫瓚被袁紹困殺

渤海

191 年劉備入主

平原

193 年田楷敗於袁譚

青州

兗州

193 年孔融被袁譚驅逐

北海

192 年曹操入主
194 年呂布奪取兗州
195 年曹操奪回兗州

袁紹

河內

東郡

小沛

徐州

194 年劉備初得徐州
196 年呂布竊取徐州
198 年曹操攻殺呂布
199 年劉備竊取徐州
200 年曹操閃擊劉備

金城

韓遂

194 年西涼關中雙方戰
於長平觀
197 年鍾繇督關中

長安

洛陽

陽城

匡亭

彭城

馬騰

郿

許昌

陳留

漢中

南陽

穰

汝南

壽春

196 年劉備迎擊袁術

200 年張魯纂奪漢中

190 年袁術入主

襄陽

197 年張繡初降
199 年張繡再降

丹陽

196 年

吳郡

成都

190 年劉表入主

南郡

沙羨

盧江

195 年孫策奪取

會稽

豫章

劉備　　袁術　　呂布　　劉璋　　劉表

孫堅　　孫策　　諸將　　公孫瓚　　關中諸將

· 西安古城鼓樓

由董卓築堡説東漢塢堡

塢堡，又稱「塢壁」，原是西北地區邊防所築防障自守的屯戍組織。到東漢初年，地方大族多在莊園築建塢堡。

廳堂：主人接待客人的及執行公務地方。內有主人和跪伏朝拜的吏役。

角樓：固守四角，外向的兩側有長方形堅窗。執兵器的武士站崗可以隨時下瞰和望遠。

廂房：分佈在主廳左右兩側的建築物。

· 塢壁圖

這件文物只是塢堡的一個縮影，真正的塢堡並不是一個院落或建築群，是略小於縣城大於烽燧的規模。城牆、城壕、馬面及角樓等防禦設施齊全，合宗聚族，屯險自守，以避戎狄寇盜之難。

圍牆：圍住宅築的版築土壁。外側牆壁每隔一定的距離開有箭窗。

宅門：正上方有向外敵射箭或投石用的門樓。樓的前後有窗，以望遠和下瞰。

董卓西遷漢室至長安，自為太師，又號自己為「尚父」，仍獨攬朝政，大封兄弟宗族中人，並列朝廷。這時的董卓其實已經心虛，將在洛陽等地搜括的大量財物寶貨、穀物等，積儲於郿縣的郿塢中（今陝西關中的郿縣，距長安 250 里），可作 30 年儲備。郿塢的城牆高厚都達七丈，與長安城相等。他說「事成，雄據天下；不成，守此足以畢老。」結果卻被夷三族。

同樣，曾稱霸幽州和冀州的公孫瓚，後數敗於袁紹和鮮于輔聯軍，走還易京以固守，為圍塹十重，於塹內築京，皆高五六丈，建樓其上，中塹為京，特高十丈，作自己的居室，內積穀三百萬斛。瓚自己說，「昔謂天下事可指麾而定，今日視之，非我所決，不如休兵，力田畜穀。兵法，百樓不攻。今吾樓櫓千重，食盡此谷，足知天下之事矣。」結果為袁紹掘地道，突破樓塹。瓚盡殺其妻子而自殺殞命。

· 莊園中的豪宅
從壁畫中可見棟宇森羅，院落毗連，牆垣環繞，望樓高聳；足見這宅院已是塢堡，防禦森嚴。

這種築塢自保的手段，固然是董卓、公孫瓚最後要保住富貴性命自以為是的想法。梟雄如董卓和公孫瓚，真以為有可保萬全的「安樂窩」，未免太天真了，勢去力衰，鐵打的塢堡殊不管用。但東漢以來，全國各地豪強，建築「塢堡」，已經很普遍。在政治及軍事上，塢主與塢民有上下的行政權及指揮軍事防禦的關係，塢民成為部曲家兵，提供安定的居住環境，有穩定社會的功能。在經濟上，塢主與塢民（佃客）有管理生產的上下關係，佃客提供力役以及繳納佃租給塢主，自給自足，發展生產。

　　東漢末年朝廷瀕於瓦解，豪強率民割據，自立武裝，而致塢壁蜂起。三國史上除了以上談到的董卓和公孫瓚外，田疇、許褚等地方豪強，築塢以自保的事例很多。在漢末三國，以至魏晉，築塢堡作為武裝的自保，十分普遍。性質近似歐洲中世紀封建時代，與日本戰國時期所出現的城堡制度，都是亂世中，地方割據勢力求以自保的產物。所以世界歷史的發展，不時有其共通和近似的地方，因歷史的發展，有某種程度的共同規律。

朱書榜題塢　　塢堡　　　　　　　　　　　柵欄內有羊群和牛群

半掩的塢門　　　　樹下拴馬匹　　　　　樹下拴耕牛

· 塢壁圖
圖雖是西晉時的磚畫，但反映的都是東漢魏晉南北朝的塢堡現象。（劉煒提供）

北斗星

太陽

鳳凰

阡陌分明的田地，
田邊放着犁、耙、杈
等農具。

月亮

馬伕手執馬鞭站
於馬後，狀似等候
主人準備出行。

梧桐樹

厨房擺放了石臼、磨盤、炊
具、酒壇及烤爐等厨具。爐
火正旺盛，厨婢正烹煮飯菜。

·佚名莊園生活圖

墓主人繪於畫面中央，頭戴高冠，身穿條紋袍服，手拿團
扇端坐於榻上乘涼。他身旁是侍婢，侍婢穿着紅裙，頭梳
雙髻，畢恭畢敬。

· 黃釉陶製院落

南方的將軍豪宅着重防衞，
四邊圍牆，四角有望樓。

宅門

角樓

· 陶城堡

陶城堡出土於 1956 年的廣州，呈
方形結構，高牆圍繞，四角都設
有角樓以觀敵情，堡內有衞兵把
守，緊密結合住宅和防禦功能，
揭示了當時階級對立和社會動蕩
的情況。城堡初為邊疆防禦用途，
後至豪族自保所用，甚至南方亦
有出土城堡文物。（劉煒提供）

廂房

廳堂

宅門

· 西班牙

世界各國出現的城堡建築，也是戰亂時期用作防衞的產物。阿爾罕布拉宮是興建在山丘上的堡壘宮殿建築群。

· 蘇格蘭

在蘇格蘭愛丁堡卡爾頓山丘據險築的城堡，也是保安全的碉堡城樓。

第七章

袁紹崛起

稱霸北方

3 在「群雄並起，中原逐鹿」局面的初期，論崛起之快、勢力膨脹之迅速，袁紹一時無兩。作為討董卓盟軍群雄之首的袁紹，在當時朝廷資望和官位，雖然不算很高。但是，在東漢末年直接影響到政局的幾樁政治事件中，袁紹曾扮演過相當的角色，頭角已露。

東漢重視「門第家世」

袁紹配合外戚、大將軍何進，圖謀清除宦官，何進雖然被宦官所殺，袁紹等終究誅盡內廷宦官。又如董卓入京，在朝廷上專權擅政，袁紹奮起抗衡，並被迫出走。再如在關東，曾四出征伐和擊敗過不少黃巾軍，樹立了軍事上的聲威等，都讓朝野注目。至於組成「關東討董同盟軍」，袁紹之能被推舉為盟主，他以上的表現，固然為一部分原因，另外尚有他家世的憑藉。

發動和組成「關東討董盟軍」的群雄，其中的核心人物，主要是一些以「任俠」相尚，享有「名士」聲譽的青年俊彥。袁紹在洛陽，以「任俠」和「名士」而為朝野所重，並且在政治上，也成為擬有所圖的一眾青年俊彥的領袖人物。因董卓專政，而由京城出走到地方的，不少就是此輩中人。出走到關東的袁紹，也自然成為他們眾望所歸的領袖。袁紹之能被推舉為討董軍的盟主，一躍而成為登高一呼的風雲人物，與他的家世有很大的關係。家世之能影響一個人的出身地位和前途，中外古今皆然，在已形成穩定體制的社會，尤其如是。東漢的政治和社會情態，有一很大的特點，是重視「門第家世」。

遊俠、豪傑與任俠

東漢末年出色的人物，皆有一個現象 —— 年輕時常冠以「遊俠」之稱，如袁紹、曹操、張邈、何顒、袁術、許攸、伍瓊、衞茲等等。東漢末年著名的政論家荀悅（ 148 年—209 年）謂「遊俠」，是「立氣勢作威福，結私交以立強於世者。」並指出「遊俠之本，生於武毅不撓，久要不忘生平之言，見危授命，以救時難而濟同類，以正行之者，謂之武毅，其失之甚者，至於為盜賊也。」意思指東漢末年所謂遊俠，具體是「以救時難而濟同類」為宗旨，「救時難」是立志挽救危機四伏的朝政，「濟同類」是救急扶危於反宦官的人。

東漢末又會稱一些人物為「豪傑」。豪傑一詞在東漢末有特殊的含義，是指出身於豪族的傑出之士。袁紹不僅被目為豪傑而且「善養士，能得豪傑用」。除以上所見諸人以外，東漢末年和三國時期以遊俠和豪傑見稱的人物着實不

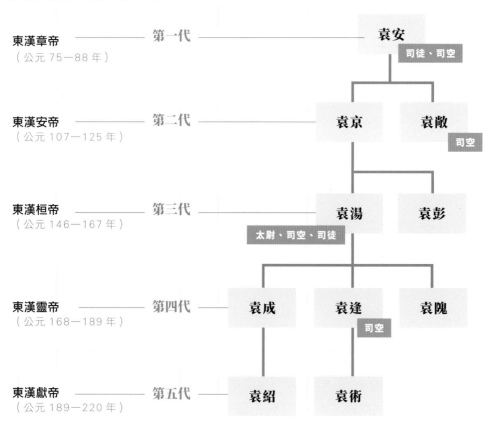

❀ 門生故吏 ❀

門生不是我們現在一般理解的、純屬學生的關係。漢代所謂門生，除真正是學生外，也包括了一些慕勢而投拜達官，而成為門下的人。官愈大，名望愈顯的人，門生也愈多。不僅文官有門生，武官也有門生，甚至炙手可熱的宦官也有門生。（參考徐德嶙《三國史講話》）

少，如王匡、橋瑁、審配、田豐、沮授等，這些人物是較高等的豪傑和遊俠。社會上也有出身不同階層被稱為「氣俠」或「輕俠」的，孫堅、公孫瓚及劉備皆屬之。不誇張地說，東漢一眾出色而有武人性質的人物，多屬此類。（參考方詩銘《論三國人物》）

| 袁氏四世三公世系表 |

東漢章帝	———	第一代	———				袁安 司徒、司空		
東漢安帝	———	第二代	———				袁京	袁敞 司空
東漢桓帝	———	第三代	———				袁湯 太尉、司空、司徒	袁彭
東漢靈帝	———	第四代	———		袁成	袁逢 司空		袁隗
東漢獻帝	———	第五代	———		袁紹	袁術		

東漢章帝（公元 75—88 年）
東漢安帝（公元 107—125 年）
東漢桓帝（公元 146—167 年）
東漢靈帝（公元 168—189 年）
東漢獻帝（公元 189—220 年）

袁安在《後漢書》有傳，他在東漢章帝章和元年（87年）官至司徒；碑文（右圖）所記與史傳所記大抵相符。袁安是東漢末形成了袁家「四世三公」的關鍵人物。袁安碑碑身完整寬博，書體介乎小篆和隸書之間，是由篆書向隸書過渡的重要文物。且字體結構圓通，筆劃流暢遒勁，是中國書法史上重要的作品。小篆書，記述了袁安的籍貫和生平經歷。袁安官至司徒，卒於永元四年（92年）。（參考李如森《漢代喪葬禮俗》）

豪門子弟受
習性羈絆

　　袁紹是出身於東漢中晚期最顯赫、被譽為「四世三公」的汝南袁氏。由於袁氏「四世三公」的家世，「門生故吏遍天下」，所以袁紹從小，聲譽和人脈已兼而有之。這是袁家子弟也包括了他的堂弟袁術，在政壇、在社會早露頭角的憑藉。袁紹年輕時，憑藉這樣的家世，20歲就當上了濮陽長，很快升上了掌握實際兵權的中軍校尉。在洛陽又以「任俠」相號召，結合了一批任俠的青年俊彥，其中著名的有張邈、曹操和鮑信等，隱然結成一個政治團體，並成為他們的領袖。

　　董卓入京，他因冒犯了董卓而出走。雖然曾冒犯而且出走，董卓仍然忌憚袁紹的家世，任命他為勃海太守，作為安撫。勃海太守之職，是袁紹一下子能在地方上取得割據勢力的基礎。關東地區組成的討董盟軍的人物中，論資歷比

袁紹深的，大有人在。關東「群雄」卻推舉他為盟主，可見他資望之得於家世的幫助。不過歷史經驗和社會現實也告訴人們，「家世」固然可恃，弔詭的也常成為他們成功的負累。在三國群雄的競爭過程中，出身於「四世三公」的袁紹和袁術，表現雖有區別，而其實都同樣為豪門子弟養成的習性所羈絆，終於一敗塗地。

亂世出英雄的異數

　　東漢末，地方陷於尾大不掉的地步，皇室圖調宗室到州郡主政，以穩定劉家江山。可惜，劉氏宗室的地方大員，雖有賢能忠心的，卻應付不了動盪的局面。如幽州牧劉虞，《後漢書・劉虞傳》說「虞雖為上公，天性節約，敝衣繩履，食無兼肉，遠近豪俊夙僭奢者，莫不改操而歸心焉」，但他「不習軍事」。平日不訓練士兵，應付不了勇莽的公孫瓚。其他曾是一方之雄的劉焉、劉表、劉璋、劉繇和弟劉岱等，都受不可突破的豪門世家子弟的習性所拘限，同遭失敗的命運。在東漢末年群雄激烈的競爭中，最後殺出重圍，脫穎而出，而促成三國鼎立之局的，是出身於宦官家庭、被視為「濁流」的曹操；是雖號稱是劉氏皇裔，然而世系遙遠、已淪為草民的劉備；是出身於江東地方土霸的孫氏父子。看來中外古今，人生軌道，尤其是處於亂世或重大變局，現象都如此！

　　董卓逼迫朝廷西遷，討董盟軍一經解散，各種地方上的割據勢力，毫不猶豫，立刻展開地盤和權位的爭奪戰。作為盟主的袁紹更急不及待地發動了一連串擴張地盤的軍事行動。191 年，他先撲滅了河北的幾路「黑山軍」。再迫逼韓馥讓出冀州牧之官職和地盤，然後以冀州為根據地，四出討伐，擴張勢力。192 年，在界橋（今河北威縣東）擊破曾攻滅幽州牧劉虞的公孫瓚。198 年終於斬殺在北方最大的對手公孫瓚於易京（今河北易縣）。八年之間，吞併了冀、青、幽及并四個中原最重要的大州。不僅制霸北方，而且一躍而成為全國地方割據勢力的最強者。

姓名	生卒	佔據地方	結果
劉虞	？—193 年	幽州	攻打公孫瓚失敗，被其所殺。
劉焉	？—194 年	益州	病死，兒子劉璋繼領益州牧。
劉表	142 年—208 年	荊州	病死，兒子劉琮繼位，並投降予曹操。
劉璋	162 年—219 年	益州	被劉備所敗，被迫離開益州，為孫權收容，病逝於荊州。
劉繇	156 年—197 年	揚州	病死於豫章，華歆代表投降孫策。
劉岱	？—192 年	兗州	被青州黃巾軍所殺。

＊部分生卒無史料記載

袁曹之戰 一觸即發

　　野心勃勃的袁紹，自然不會以此為滿足，他早萌生了要取漢室而代之的野心。既已制霸了北方地區，袁紹便積極部署，要揮軍南下，併吞全國。袁氏要南下，不免與曾依附於他，但經過了不斷艱苦卓越的征伐，終於雄據了黃河以南的曹操起衝突。袁、曹兩人，雖然從小已相交和友善，曹操之能崛起，也得力於袁紹的襄助。從 192 年起，兩人各在黃河的南北兼併征伐，也一直維持着結盟的關係。不過袁、曹之間，因出身、個性、政見的歧異，早生嫌隙。再因為雙方各自擴張勢力，終引起利益上的衝突。所以兩人在表面上，仍維持同盟關係，實則已不時出現齟齬和磨擦。196 年曹操「挾天子以令諸侯」，遷獻帝都於許都，分據黃河南北兩雄的衝突，終於白熱化了。

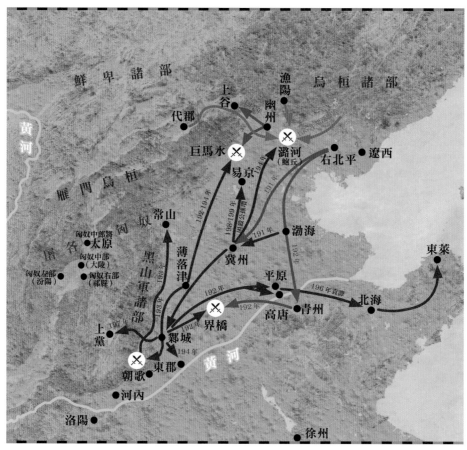

———— 袁紹用兵　　════ 公孫瓚用兵　　▷▷▷▷ 劉虞舊部與烏桓聯軍　　✕ 戰場

公元 191 年　　公孫瓚出兵南襲冀州，韓馥一戰敗退守鄴城。冀州治下的渤海太守袁紹，派出說客說降韓馥，冀州易主。

公元 192 年　　袁術與袁紹開戰，袁術聯合公孫瓚、陶謙共討袁紹曹操，派劉備、單經屯高唐、平原，為袁紹軍所破。

同年，參加討董之戰的公孫瓚之弟在袁氏兄弟爭權中身亡，正在青州鎮壓黃巾餘眾的公孫瓚，怒而向袁紹發起襲擊，冀州動蕩。袁紹親率三軍迎戰，於界橋設伏，數敗公孫瓚。同時協助公孫瓚的黑山軍也被袁紹擊敗，雙方結怨。同年，公孫瓚再次攻伐袁紹，至龍湊為袁紹所敗，退守幽州。

公元 193 年　　太僕趙岐受漢廷之命，勸和公孫、袁雙方停戰。同年，黑山軍、屠各匈奴、雁門烏桓齊攻袁紹，鄴城失陷，袁紹由朝歌戰至常山，斬首數萬，雙方退軍。

公元 194 年　　歷時一年，袁紹平定了臧洪的東郡之叛。同年，公孫瓚吞併幽州劉虞。

公元 195 年　　劉虞舊部招引烏桓攻打公孫瓚，袁紹派出軍隊合兵，於鮑丘大敗公孫瓚，公孫瓚退守易京，固守自保。

公元 196 年　　袁紹命袁譚進取青州，得青州北部疆域。

公元 197 年　　袁紹命高幹進取并州，得并州上黨疆域。

公元 198 年　　袁紹親率大軍攻取幽州，所向披靡，圍困公孫瓚於易京。

公元 199 年　　公孫瓚終被困殺，袁紹盡得幽州。

| 袁紹生平年表 |

年份（公元）	年齡	事件
154 年	1 歲	出生於汝南汝陽。
188 年	34 歲	受到何進提拔為西園八校尉。
189 年	35 歲	何進被宦官所殺，袁紹殺宦官 2000 多人。紹反對董卓廢少帝改立獻帝，逃往冀州。十二月，董卓欲安撫袁紹，封為渤海太守。
190 年	36 歲	反董聯合軍成立，袁紹擔任盟主，進駐河內。
191 年	37 歲	從韓馥手中得到冀州，任冀州牧。
192 年	38 歲	正月，公孫瓚侵入冀州，兩軍對戰界橋，袁軍大勝。
199 年	45 歲	三月，進攻易京大勝，公孫瓚自殺身亡。
200 年	46 歲	袁紹與曹操於官渡對決，袁紹大敗，逃至黎陽歸冀州。
202 年	48 歲	袁紹愧咎發病吐血，五月病逝於鄴城。

第⑧章

曹操奮起

征戰中原

3 曹操雖然出身於被視為「濁流」的宦官家庭，憑祖父輩的權勢，也因自己所具備的才華，年輕時的他，已躋身士宦。歷任地方和中央中等級別的官職。在職期間，也表現了他相當積極的作為與政治的能力。年輕時候的曹操，在最關乎他日後命運的 —— 在「清流」和「濁流」兩股水火不相容的政治勢力中作出抉擇。

在討董盟軍中嶄露頭角

出身於濁流家庭的曹操，選擇了站在「清流派」的一邊，在言在行，都抵抗濁流。因為這樣的立場，所以能廁身於「遊俠」之列，也爭取到當時最有影響的大名士橋玄、何顒和許劭等人為之揄揚，而得以躋身名士之列。曹操既屬遊俠又添為名士，並且結交了袁紹和張邈等一輩在洛京以任俠相尚的青年俊彥，更成為其中領袖之一。曹操在中央洛陽任職時，討黃巾、抗董卓等行動，嶄露頭角，也為他贏得一定的名聲。

因反叛董卓而出走關東地區的曹操，主要依靠曹氏和夏侯氏的宗親子弟，組成起自己的武裝骨幹，並以骨幹的家丁部曲和招攬的壯丁，拉扯起一支屬於自己的武裝力量。但是力量是相當單薄的。曹操雖然積極參加「關東討董盟軍」，由於資望和武裝力量的不足，在盟軍群雄中，只算是次要的角色。可是，在討董的軍事行動中，他出的謀獻的策，大不同於其他的群雄，同僚上下，不少人對他有深刻的印象。尤其各路諸侯，各懷鬼胎，遲疑不進的情勢下，曹操果敢地，以自己單薄的軍力，跟董軍交戰。這是盟軍中少有與董軍真正的交手。

雖然失敗，但是他的膽略和勇氣，讓人側目。因而不少各路人物，對資望不深、實力不厚的他，能收拾殘破的局面，有所寄望。關東盟軍散伙後，曹操借助在京時的一眾「任俠之友」如張邈、衞茲、鮑信和陳宮等人的幫助，逐步擴充了自己的武裝力量。由於沒有任命朝廷地方官職的資格，軍事力量又不足，又缺地盤，曹操在相當長的時間，是依附於勢力日漸強大的袁紹腋下而發展的。

❀ 部曲 ❀

「部曲」是東漢尤其是漢末的私人武裝力量。協助曹操起兵的曹氏家族之曹仁、曹邵及地方豪強如譙縣許褚、中牟的任峻、鉅野的李典和任城的呂虔等，都分別率領宗族、部曲數千人或數百人加入曹操的武裝力量。漢末三國時期，地方豪強以賓客、宗親和家丁為基礎，作為私人武裝力量的情況，很普遍。豪強的私人武裝加入了軍隊編制，稱為部曲，屬帶兵者的私兵。部曲甚至由子姪承傳。由於宗族和鄉里關係，在當地擁有政治、經濟力量的大姓、冠族的代表人物，常常又成為有能力組織起武裝力量的豪帥。這種現象在戰亂時期尤其盛行，如冠族衞茲、鮑信、王匡等就是其中代表；豪強則以任峻、李乾、李通、呂虔及許褚為代表。（參考唐長孺《魏晉南北朝史論拾遺》）

首個地方官職
東郡太守

初平二年（191 年），青州的黃巾軍和河北的黑山軍，聯合進攻河北冀州的鄴城（今河北磁縣南）與屬兗州的河南東郡。袁紹委派曹操率兵入東郡，圍剿黑山軍。曹操在濮陽（今河南濮縣西南）鎮壓了黑山軍的白繞部之後，袁紹遂任命曹操為東郡太守。擔任東郡太守，是曹操擁有自己地盤和地方官職的開始。

次年的 192 年四月，青州黃巾兵攻入兗州，殺死前來截擊的兗州刺史劉岱。陳宮游說曹操出兵攻取兗州，謂兗州「資之以收天下，此霸王之業也」。曹操「遂設奇伏，晝夜會戰」獲勝，取得青州黃巾降兵 30 萬，民眾百萬。在好友鮑信等人的幫助下，兗州地方人士迎接曹操擔任兗州牧。兗州屬下有八個郡，不僅地盤大了，兗州地處南北要處，是兵家必爭之地，土地亦較富庶，這便成了曹操日後崛起的根據地。

曹操將收降的黃巾兵，精選而編制成「青州兵」，這也是日後曹操依賴甚重的一支武裝力量。同時曹操收納了一批擁有武裝力量的地方豪強和武將，其中著名的有山陽巨野（今山東巨野）的李典、任城（今山東濟寧）的呂虔、泰山巨平（今山東泰安）的于禁和典韋等。曹操武裝力量，陡然大增。

曹操以兗州為基地後，隱然晉身為雄主之一。曹操雖然取得了兗州，但是兗州是兵家必爭之地，四面八方的割據雄主，紛紛染指，要爭奪兗州。曹操為了兗州，一而再作出艱苦而往復的保衛戰。經過與多位群雄的慘烈甚至個人生死之間的戰役，曹操最終穩住了兗州。兗州的重要性，曹操大謀士荀彧，早已獻策於操，要他據有和力保兗州為爭天下的根據地。理由是，「昔高祖（指劉邦）保關中，光武據河內，皆深根固本，以制天下。進可以勝敵，退足以堅守，故雖有困敗，而終濟大業。」《後漢書・鄭孔荀列傳》荀彧以西漢創業的劉邦之據關中，東漢創業的劉秀之佔河內加以比喻，可見曹操穩據兗州作為根據地的重要性。荀彧與曹操關於兗州的對話，是關乎曹操崛起的「兗州對」，是關鍵性發展謀略。

此後，曹操以兗州為根據地，或配合袁紹，或得袁紹的支持，四、五年之間，曹操分別與張邈、呂布、陶謙、袁術、張繡和劉備等人，作過多番瀕臨生死的征戰，終於一一剿滅其他的競爭者，而稱雄黃河以南。

勝利基於戰略
非戰術

　　隨着軍事力量的日漸壯大，曹操同時努力招攬了一批重要的謀士和文臣，充實了力量。人才是制勝的根本，東漢末「群雄」中，曹操無疑是最重視人才與善用人才的雄主。袁紹在為盟主征伐董卓的時候，袁氏就曾詢問過曹操，如果討伐董卓失敗，我們日後該如何發展？袁紹自己先說：「吾南據河（今河北），北阻

| 曹操招攬謀臣武將表 |

重要事件	年份（公元）	文臣	武將
任東郡太守，割據兗州，伐陶謙與呂布，奉迎天子。	191	荀彧、荀攸	李典
	192	程昱（劉岱舊部）、毛玠、戲志才	于禁（鮑信舊部）、呂虔
	193	婁圭	徐晃（楊奉舊部）
	194	郭嘉、薛悌	朱靈（袁紹舊部）
	195		許褚、滿寵
	196	鍾繇、杜襲、楊沛、劉馥、張既、衛覬、董昭、孫資、溫恢、涼茂、徐奕、國淵	李通
伐張繡，討呂布，滅劉備。官渡之戰敗袁紹，招攬河北人才。	197	賈詡（張繡舊部）、嚴象	張繡、趙儼
	198	陳群、鄭渾、王朗、何夔、武周、袁渙	張遼（呂布舊部）、臧霸、孫觀
	199	劉曄（劉勳舊部）、蔣濟、倉慈	王忠、劉岱、田豫（公孫瓚舊部）、胡質
	200	華歆＊、劉劭＊、許攸＊、徐宣＊、劉廙、杜畿、陳矯＊	蘇則、張郃（袁紹舊部）＊、閻柔＊（劉虞舊部）、賈逵＊、鮮于輔＊（劉虞舊部）

穎川奇士：荀彧、荀攸、戲志才、鍾繇、郭嘉、陳群、趙儼、杜襲
荀彧推介：荀攸、戲志才、郭嘉、鍾繇、杜襲、嚴象、陳群、陳矯、趙儼
漢室官吏：毛玠、杜襲、楊沛、董昭、溫恢、嚴象、倉慈
五子良將：于禁、徐晃、張遼、張郃
呂布舊部：武周、袁渙、張遼、臧霸、孫觀
＊　河北人才

燕（今幽州一帶）、代（今山西一帶）兼戎狄之眾，南向以爭天下」。曹操的回答說：「吾任天下之智力，以道御之，無所不可」，意思是說，他重視收羅天下人才，以道術駕馭之，則無事不可為。

　　日後兩人的發展策略，基本上都按自己設定的謀略以爭天下，並付諸行動。兩人對話說的是一種戰略，不同於戰術，戰略與戰術有很大的區別。重大的成功和勝利，必基於戰略而非戰術，政治、軍事和企業經營皆然。漢末三國，最終能成鼎立之勢的曹、劉、孫三人，都能有遠大的戰略部署，而且這些戰略部署，大多出自大謀士的獻策，即善於謀略的曹操亦然。既定的戰略部署，因主客觀形勢的變化，不一定如初衷所願，或因人謀不臧，而失敗；但是如無宏遠的戰略，必定不成。這也是三國歷史給我們的昭示。

　　討董軍一結束，袁紹就制定了先佔據北部，然後南下的策略，黃河之北是傳統中國最重要的中原地區。曹操在黃河以南，也開始進行討伐爭霸的行動，並積極貫徹他招攬人才以爭雄的策略。積極招攬人才的想法和行動，貫穿曹操的一生。在云云「群雄」之中，曹操不僅最積極招攬人才，也最長於辨識人才、運用人才、駕馭人才，尤其擅於「因才授職」，使麾下人才各擅其勝，各安其位，各盡所能。曹操之能崛起，麾下眾多的文臣武將，成為他最大的政治和軍事資本。曹操日後屢屢自我表白說：「吾起義兵誅暴亂，於今十九年，所征必克，豈吾功哉，乃賢士大夫之力也。」（《群書治要‧卷二十五》）從用人的藝術和能力去衡量，曹操是三國領袖中，最出色的。他有一套用人的藝術和權術，即使是當今政商各界，也很值得借鏡。用人的本領，不是今人必然勝古人的，如有這種想法，實太自以為是了。用人也非只是一種管理技術，而是關乎管治者的眼界、胸襟、修為、氣宇和識見，無古今之分。

奪得政治「話語權」

　　曹操終能超越大多數「群雄」，取得爭霸的主動權，主導了日後的發展，最關鍵的是 196 年，他採取了「挾天子以令諸侯」這個行動。雖然有個別學者輕視這個行動的實際意義，謂董卓、郭淮等其實早已「挾天子」，但並不成功。所謂「運用之妙存乎一心」。相比之下，曹操如臂使指，最能發揮他「挾天子

以令諸侯」的企圖。歷史事實充分証明，「挾天子以令諸侯」這把「上方寶劍」，對曹操其後的爭霸，作用是巨大的。從現代的政治術語説，是他取得了政治上的「話語權」，站在政治鬥爭的「道德高地」。看曹操招攬的人才，196 年及其後，明顯各方大才群集，可見挾天子以令諸侯的效果。

192 年曹操任兗州牧時，他的重要謀臣毛玠已建議曹操「奉天子以令不臣」。此建議為曹操所採納，更開始着意接近朝廷。後來便得到了當時在朝中主政的張楊的屬下騎都尉董昭的疏通，加上黃門侍郎鍾繇的協助，朝廷正式承認曹操兗州牧的地位。當時的皇帝，雖然是傀儡，不能自保，到底仍是王朝最高的權力象徵。以許昌為大本營的曹操，見獻帝已經回都舊京洛陽，首先派曹洪領兵西行，以迎接獻帝。接着得到朝中大臣董承及董昭等人的疏通，獻帝下詔召曹操進京。曹操便親率軍隊到首都洛陽，朝見獻帝。獻帝遂任命曹操為司隸校尉，錄尚書事，參與朝政。不久，曹操又得董昭的獻謀，移遷獻帝和一眾大臣到許縣，建為許都（後改為許昌），改年號為建安。獻帝任命曹操為大將軍，封武平侯，至此曹操開始總攬朝政，實行他「挾天子以令諸侯」的新局面。

武力掃平割據勢力

自 196 年奉獻帝移都許昌，改年號建安，到 200 年與袁紹官渡之戰之前的四年間，是曹操勢力迅猛擴張的時期。總的來説，他的擴張策略，對勢力大的袁紹，虛與委蛇，盡力維持着表面的友好。對自己周圍的割據勢力，則遠交近攻、先弱後強、逐個擊破。其間雖然有勝敗的反覆，但是曹操實行的策略，是很成功的。

大體而言，從初平二年（191 年）到建安五年（200 年）的 10 年間，在黃河以南，是一種大小割據勢力相互討伐、混戰的局面。曹操以鍾繇穩住關中最有勢力的馬騰和韓遂，然後逐一掃平了據宛城（今南陽）的張繡、徐州的陶謙和呂布、淮南的袁術、新佔徐州的劉備等。如此，曹操雄據河南，而成為黃河以南各種仍存在的割據勢力中，最有力抗衡及最直接面對袁紹的力量。

在東漢末群雄中，曹操無疑是一個最出色的軍事家和謀略家。即使在馬不停蹄，以武力角逐天下的同時，也能表現出他是一位有眼光的政治家。在許都

| 曹操征戰路線圖 |

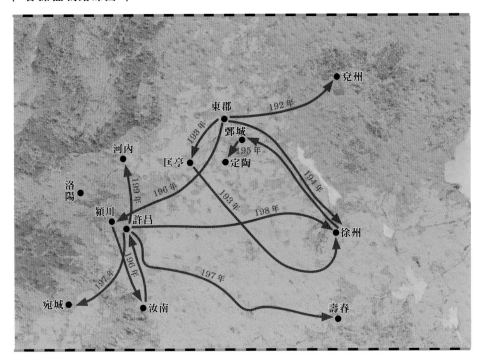

公元 192 年	黑山軍肆虐兗州斬刺史劉岱，曹操趁機入主兗州，並逼降近 30 萬黃巾餘部，收其精銳組建「青州兵」。
公元 193 年	宛城袁術移駐封丘，同盟公孫瓚，南北夾擊曹操與袁紹。曹操率部下在匡亭大敗之，袁術退據壽春自稱揚州牧。同年，徐州牧陶謙乘亂北上襲擾兗州南部，曹操反擊奪徐州 10 餘城。
公元 194 年	曹操父親曹嵩途徑徐州境被殺，曹操舉兵復仇，殺戮徐州眾城。同年，曹操的殺戮引起了後方的不滿，留守兗州的官員迎呂布入主兗州，曹操回擊，因蝗災罷戰，只剩鄄城可守。
公元 195 年	曹操數戰呂布，最終在定陶設伏，步騎夾擊，呂布潰散逃往徐州，曹操重新奪回兗州。
公元 196 年	曹操進軍豫州，平定潁川、汝南、許縣等地黃巾，豫州遂定。十月，曹操迎奉漢獻帝都許昌。
公元 197 年	曹操為消除肘腋之患的宛城，於淯水、舞陽、湖陽、舞蔭及穰城，數戰張繡及劉表。同年，袁術僭越稱帝，曹操攻擊壽春，袁術南逃淮南。
公元 198 年	袁術聯合徐州呂布抗曹，曹操圍擊呂布，最終斬之，徐州遂定。
公元 199 年	曹操派軍擊破張楊舊部眭固，取得河內郡，把勢力範圍擴張到黃河以北。同年，曹操再次招降了張繡，解決了官渡之戰前的後患。同年，曹操命劉備截擊北上的袁術，袁術最終敗亡。劉備乘機斬殺車冑，再次佔據徐州。
公元 200 年	曹操乘劉備立足未穩，閃擊徐州，劉備戰敗而逃。

的幾年，他在中央朝廷、在強化自身的勢力上，推動了不少有效的政策和部署；他在政治上的遠略，非其他群雄可以比擬的。大名士許劭（字子將）評說他「子治世之能臣，亂世之奸雄」，真是有知人之明，曹操確實是即使在亂世，他也是「奸雄」和「能臣」兼而有之的人物。在許都推行的政策和措施中，有幾項對曹操實力和勢力的壯大，起了很關鍵的作用。

率先屯田
穩定社會

　　首先是屯田。196 年，為解決軍隊的缺糧，曹操接受了羽林監棗祗和韓浩的獻策，在許下募民屯田，並任命任峻為典農中郎將。東漢末年荒亂，人民逃亡，土地荒棄，「名都空而不居，百里絕而無民者，不可勝數」。（仲長統《昌言‧理亂篇》）全國不僅農田荒廢，餓殍遍野，軍隊亦嚴重缺糧。各擁軍勢力，對於儲糧備草，無一年的準備。不少軍隊，飢餓就四出寇略，飽食則棄之而去，四處漂流，無敵攻擊，也會自行潰散。連勢力最大的袁紹，在號稱饒富的河北，士兵要以桑椹為食；袁術在江、淮，取給的是蒲贏（蚌蛤之屬）。

　　俗語說「三軍未動，糧草先行」，要強兵，必先要飽食，解決軍隊糧食是戰爭時期的天大問題。曹操率先推動屯田政策，結果「得穀百萬斛。郡國列置田官，數年中所在積穀，倉廩皆滿。」曹操的屯田，主要是「民屯」，後擴大到「軍屯」，但規模並不大。曹操的屯田政策，不僅解決了軍隊長期的糧食問題，同時解決了轄下地區百姓的生存需要，穩定了社會，一舉而兩得。

新政策回應
社會需要

　　其次是加強中央的集權。曹操安排了自己親信的文武大員，佔據朝廷的重要職位。荀彧為侍中、守尚書令；程昱為尚書、東中郎將、領兗州事；滿寵為許都令；董昭為河南尹兼洛陽令；毛玠為東曹掾掌管選舉；夏侯惇、夏侯淵、曹洪、曹仁、樂進、李典、呂虔、于禁、徐晃和典韋等分別為將軍、中郎將、

校尉、都尉等掌控軍隊。牢牢控制了朝廷中央，有力行使和推動「挾天子以令諸侯」的各種政策和措施。同時在許都，圍繞曹操，組成完整的權力中心。到了鄴城，曹魏更成為真實的朝廷了。

在經濟方面，實行幾項重要的措施。在河北地區，將人頭稅改為按戶徵稅，減輕農民負擔；打擊豪強土地兼併和賦稅的轉嫁；招攬、扶持各地流民回鄉務農，開墾荒地，恢復生產。在社會政治方面，205 年頒佈《整齊風俗令》，打擊政治上的不法行為，禁止違法的復仇，禁止厚葬等。教育上，頒《修學令》，置學官，推行教育。另頒《論吏士行能令》，以法治軍，加強軍隊管理。建安十二年（207 年）下《封功臣令》，祠亡將士等，以安撫人心。由以上種種政策都可以見到曹操作為政治家，能適時所需，而推行許多新的政策。政策的考慮，周延而長遠。若非政治家？如何能做得到？

| 曹 操 推 行 新 政 措 施 |

年份（公元）	措施
196 年	曹操採用棗祗、韓浩等建議開始落實屯田。首先在許都地區推行，第一年便取得穀百萬斛。任峻為典農中朗將，督領屯田事，在各州郡例置田官，數年間倉庫充實。屯田主要是民屯，後擴大到軍屯，規模不大。 加強中央集權，安排親信文武大員佔據朝廷的重要職位，荀彧為侍中、守尚書令；程昱為尚書，東中郎將，領兗州事；滿寵為許令；董昭為河南尹兼洛陽令；毛玠為東曹掾典選舉；夏侯惇、夏侯淵、曹洪、曹仁、樂進、李典、呂虔、于禁、徐晃和典韋等分別為將軍、中郎將、校尉、都尉等掌控軍隊。
199 年	採納衛覬的建議，恢復鹽官和食鹽專賣，利用賣鹽得到的錢買耕牛，供給百姓。同時，嘉獎重農的官吏。
200 年	制定田租、戶調、收租稅綿絹的制度，由河南地區推廣至全國，額定戶調的額度。
201 年	曹操自譙至浚儀，親自督治睢陽渠，以利屯田。
203 年	發佈了《修學令》，令郡國各修文學，滿 500 戶的縣置校官，推行教育。
204 年	頒布《蠲河北租賦令》免除河北一年租賦。 頒布《收田租令》（又名《抑兼并令》），抑制兼併，禁止豪強轉嫁租賦予百姓，要求各地長官檢察。
205 年	頒布《整齊風俗令》，打擊政治上不法，不得復仇，禁止厚葬等。
206 年	頒布《求言令》，鼓勵官吏提出建設性意見，且優獎嘉謀。
207 年	頒布《封功臣令》，評賞謀臣與武將，強調謀臣賢士夫的作用。
208 年	頒布《存恤吏士家室令》，為赤壁戰中的死難吏士家室存恤撫慰。

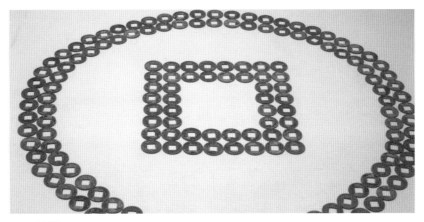

· 五銖錢

五銖錢是漢武帝於公元前 113 年開始鑄造的。它是圓形方孔，重約四克，其中一面有小篆書寫五銖，四周有廓，錢形整齊，鑄工精細，顏色為紅色。五銖錢是由漢武帝至隋代，流通約六、七百年之久的標準統一的合法貨幣，除促進了漢代日後的經濟發展，亦是中國貨幣發展史中的一個里程碑。

· 董卓五銖錢

董卓在長安，破壞了銅人和鐘廉（粵音巨），再破壞現行使用的五銖錢，改鑄為更薄細的小錢，大小只得五分，無文字章號，內無輪廓，也不打磨，粗糙之極。令流通的這些五銖錢不值錢，而物價愈發高昂，至穀一斛要數十萬錢。（河南南陽博物館藏）

· 漢魏五銖錢

俗語說「一個錢掰成兩半花」就源於此。原本足重的五銖錢，讓人剪成兩半，大小和重量與董卓小錢的劣幣相當。內側方孔稱為「剪邊五銖錢」（左），而外側圓環則稱「剪環五銖錢」（右）。

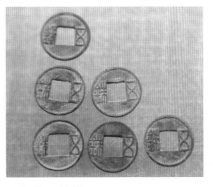

· 曹魏五銖錢

曹操時用五銖錢，質量比小錢優勝，並有足夠空間鑄字。

龐大的曹氏宗族

曹氏宗墓群龐大，從墓室的宏大以及出土的文物的珍貴，可見曹氏家族自曹騰發跡之後，家世的顯赫。

曹氏世系表

曹嵩是曹操的父親，曹騰是曹操的祖父，曹嵩是曹騰的養子。曹騰早歲已入宮當宦官，歷事安帝、順帝、沖帝、質帝和桓帝五個皇帝，歷時30多年。因「年少謹厚」，被選為皇太子劉保順帝的陪讀，順帝即位遷中常侍。梁太后和梁冀迎立桓帝，曹騰參與其事有功，封費亭侯，曹操後曾襲此爵位。曹騰墓規模宏大，出土文物豐富，

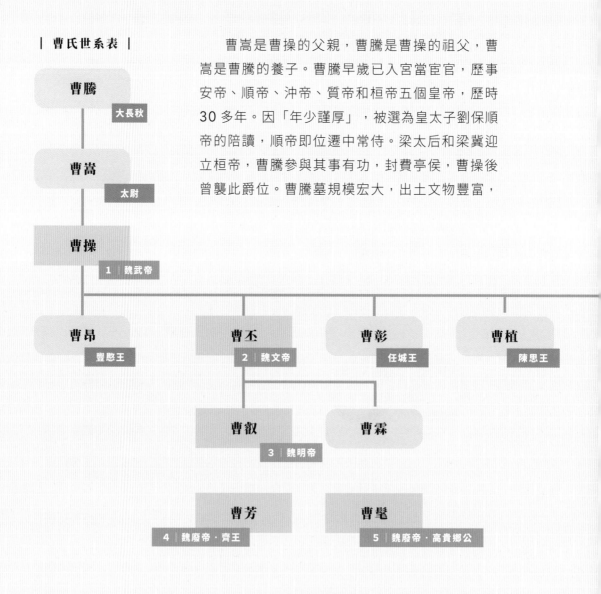

曹騰 — 大長秋

曹嵩 — 太尉

曹操 — 1 魏武帝

曹昂 — 豐愍王

曹丕 — 2 魏文帝

曹彰 — 任城王

曹植 — 陳思王

曹叡 — 3 魏明帝

曹霖

曹芳 — 4 魏廢帝·齊王

曹髦 — 5 魏廢帝·高貴鄉公

包括了銀鏤玉衣和銅鏤玉衣等文物，墓內壁畫雕刻彩繪精美。

　　曹氏宗族墓群位於亳州古城南 10 公里，亳州市魏武大道北端路西董園。其中董園的一、二號墓葬，分別是曹嵩和曹騰的墓葬，一號是大型磚室墓；二號是大型石結構的墓室，墓的外型是一個大土丘，至今 1800 多年，封土仍有七米高。由墓葬群的規模，墓室的宏大以及出土的文物的珍貴，可見曹氏家族自曹騰發跡之後，家世的顯赫。

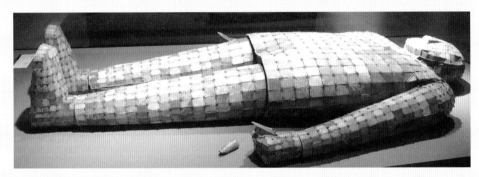

· **銀縷玉衣**
兩漢國力的強盛提供了雄厚的物質基礎，厚葬成為當時的社會風氣。其中最為奢華的陪葬品為「玉匣（玉衣）」。古人認為用玉裹身，可以萬年不腐。用金絲和玉片串接成的玉衣成為當時最高級別的喪葬殮服。東漢之後，金縷衣則只限於薨之皇帝與皇后，諸侯則使用銀線綴編，其他貴族用銅線或絲線綴編稱為「銅縷玉衣」、「絲縷玉衣」。董園村一號墓其中一個死者身銀縷玉衣，顯示墓主人身份尊貴，被判斷為曹嵩。

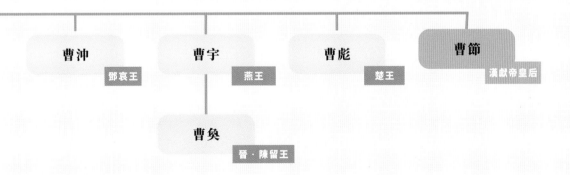

· **曹騰墓**

譙縣董園的曹騰墓規模宏大，墓的外形是一個大土丘，封土有七米高。

曹操家族故里

亳州是一座歷史文化名城，自商湯都於亳，距今已有 3800 年的建都邑的歷史。

亳州市，位於安徽省的西北部；譙縣是亳州市轄下的一個區。秦末陳勝、吳廣起義，漢高祖劉邦提劍斬蛇起義，都在亳州。西漢時，亳州隸屬豫州沛郡，東漢時改為沛國。東漢時，全國改十三州為十二州，豫州刺史部置於譙。亳州和譙縣也是現存三國時期的名勝遺跡眾多的歷史名城。

亳州譙縣是三國時曹操家族、夏侯惇家族以及華佗和嵇康等歷史名人的故里。魏武曹操時置為譙郡，魏文帝曹丕在黃初二年（221 年）詔以譙縣為曹魏「五都」之一。現存的古建築有亳州城，位於亳州市譙城區，跨淮河的支流渦河兩岸。亳州留下曹操和三國相關的遺跡不少。

（參考中村圭爾、辛德勇《中日古代城市研究》；周長山《漢代城市研究》；任曉民《亳州名城名勝》；王玉國、李德柱《三國名城鎮江》；龔學孺《三國遺跡探秘》）

· **亳州郊外的農田**
亳州地處平原，水運便利，是中國歷史上富饒的中原地帶，經濟發達。

曹操運兵道

曹操運兵道，傳是東漢末年為曹操所建，是當前中國發現最古老、規模最大、保存最完整的地下軍事設施。

曹操運兵道以大隅首為中心，東西南北延伸通向城外，已發現 8000 餘米。地道的建構有土木結構、磚土結構、磚木結構及全磚結構。佈局分單行道、平行雙道、上下兩層道及立體交叉道等，盤錯相連；道內建設貓耳洞、掩體壁、障礙券、絆腿板、陷阱等佈置；再有通氣孔、燈龕等設施。通道設計複雜巧妙，以近 2000 年前的物質和工具條件，工程確可讚歎，運兵道至唐宋時期仍是當地重要的軍事設施。南宋嘉熙四年（1240 年），黃河決口，亳州城被淹，運兵道被灌淤塞，自此深埋地下未被發現。

| 曹操運兵道平面圖 |

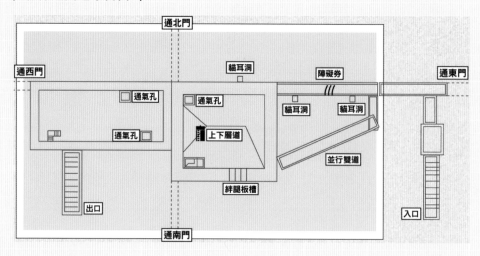

曹操都許昌，也建造了「運兵地道」。在今日的許昌，仍保留有一條彎彎曲曲的地下道，全長約 40 里。入口在許昌城的北門內，出口在曹魏故城的南門口外。地下道由青磚砌成，一般高一丈，寬八尺，可容兩行人馬通過，這是曹操在許昌建築的運兵洞。大概是曹在南陽敗於張繡，退回許昌，在冀州的袁紹向曹操下戰書時，幾面受敵，聽從當地陽翟縣人謀士郭嘉「地下用兵」的建議而建築。許昌是一望無際的平原，無險可守，挖地道是有效的方法。事實在此後的戰爭中如抗日戰爭的地道戰，也發揮了很大的作用。

　　在三國軍事人物中，曹操善於利用地道戰，他在亳州、許昌和鄴城都築有規模宏大的戰用地道，不愧是一個軍事家。史載他多次運用地道而取勝，如建安三年，曹操在穰（今河南鄧縣）安眾的地方，為張繡和劉表軍前後包截。曹乃「夜鑿險為地道，悉過輜重，設奇兵，會明，賊謂公為遁也，悉軍來追。乃縱奇兵步騎夾攻，大破之」。在建安五年（200 年）的官渡之戰也採用挖地道的戰術。

· 運兵道出口亭

·地洞內部

·地面上的通氣孔
地道備有換空氣的設施，不然在內的士兵會缺氧。

· 地洞入口處

曹操運兵道平面圖──譙（亳州）

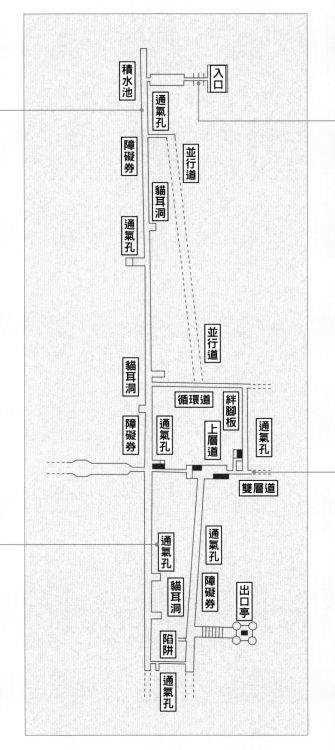

入口

積水池

通氣孔

障礙券

並行道

通氣孔

貓耳洞

貓耳洞

並行道

循環道　絆腳板

障礙券

通氣孔

上層道

通氣孔

雙層道

通氣孔

通氣孔

貓耳洞

障礙券

出口亭

陷阱

通氣孔

· 雙層道

利用磚石之間的平均受力建設
門窗洞口的稱作券，磚券把地
道隔成上下兩層互相疊壓的地
道，一般上層地道較矮。

挾天子以令諸侯

曹操 196 年迎獻帝於許都，建號建安，主政朝廷，自此便「挾天子以令諸侯」。

　　在獻帝東返洛陽時，袁紹謀臣沮授就勸袁紹迎獻帝都鄴，並分析其中的意義，認為除了可以維持袁家「累葉輔弼，世濟忠義」聲譽外，更現實的，是可以藉此「挾天子而令諸侯，畜士馬以討不庭，誰能禦之。」（《三國志·魏書六·袁紹傳》裴松之註引《獻帝傳》）故此，人們多說「挾天子以令諸侯」。另一謀士「田豐使紹早襲許，若挾天子以令諸侯，四海可指麾而定。」（《三國

· 曹操許都跪迎獻帝圖
（許昌博物館藏）

　　輜車　　　　　　　　　　　　　　　　　　　獻帝

志‧武帝紀》裴松之註引《獻帝春秋》)。但是袁紹另外的兩位謀士郭圖和淳于瓊卻持不同的意見,謂「秦失其鹿,先得者王」,何必奉挾獻帝?這種說法,正中袁紹已有取漢而代之的私心。謀臣沮授進而指出,袁紹「若不早圖,必有先人者也」。果然這位先人者就是曹操。

曹操首要謀士荀彧勸曹操迎獻帝,「奉主上以從民望」,是「大順」,是「大德」,荀彧或真心希望曹操復興漢室。其實之前的董卓和西涼將領,早已是實行假奉天子之名而號令天下了。曹操於 196 年迎獻帝於許都,建號建安,主政朝廷,自此便「挾天子以令諸侯」,其日後的成效是明顯而巨大的。曹操自此無論任命中央和地方官員,或出軍討伐,都假朝廷的名義「公器私用」,並且能站在政治的道德高地。

在曹操與對手的對抗中,時有人以逆順之大名義而投服曹氏。在曹袁官渡之戰,桓階說張羨「夫舉事而不本於義,未有不敗者也。故齊桓率諸侯以尊周,晉文逐叔帶以納王」。袁滅公孫瓚,田豫向太守鮮于輔也說:「終能定天下者,必曹氏也。宜速歸命,無後禍期。」賈詡以曹操挾天子以令天下,勸張繡授降曹操。傅巽遊說新繼任荊州牧的劉琮,謂「逆順有大體」,使曹操不費吹灰之力而得到荊州。孫吳面對曹操的來犯,議論就以為「曹公豺虎也,

曹操　　　群臣　　　隨行軍馬隊伍

然託名漢相，挾天子以征四方，動以朝廷為辭，今日拒之，事更不順。」所以周瑜只好直斥說，「操雖託名漢相，其實漢賊也。」凡此等事例皆曹操「挾天子以令諸侯」在政治上的作用。東漢末遷寓各地不少的人才，北返歸順，如潁川的趙儼、杜襲、繁欽、王朗、鍾繇，以至諸葛亮在荊州好友，皆因循於漢官情結。

袁紹與韓馥謀廢董卓所立的獻帝而改立幽州牧劉虞，曹操拒絕。196年獻帝東返，遣曹洪西迎，為袁術將萇奴和衞將軍董承所阻，不得進。夏六月獻帝返回洛陽，曹操遂率軍到洛陽，以保衞京師。九月都許昌。自此挾天子以令諸侯，專擅朝政。劉備曾與國丈董承等欲誅殺曹操，200年春，事破，董承等皆伏誅。

· 漢獻帝劉協雕像
（許昌博物館藏）

196 年曹操移漢獻帝，都於許縣，許縣成為東漢首都，改名的許昌是曹操崛起的基地。

從 196 年到 220 年長達 25 年，曹操在許昌「挾天子以令諸侯，修耕植，以蓄軍資」，在此建皇城，立宗廟。招攬人才，興水利，辦屯田，定制度，練兵強軍。所以許昌是曹操崛起的基地，也是日後與蜀吳抗爭的根據地。

許昌位於河南省中原地區腹地潁河邊上，古代屬豫州潁川郡，稱為許縣，舊城址在今河南許昌東張潘鄉古城村。許昌留下了不少漢末三國的遺跡，有曹操丞相府景福殿遺址、漢獻帝的祭天的毓秀台、漢魏都城遺址、曹操軍事上用的「藏兵洞地道」、曹操開闢的民屯和運糧河、曹丕篡漢的受禪台、伏后墓、董貴妃墓、馬騰墓、華佗墓、王允墓、射鹿台、青梅亭、張遼城、鄧艾廟等遺址，又有與關羽史跡有關的春秋樓和灞陵橋。據不完全統計，全國有 500 多處三國古跡，許昌有 80 多處。無怪乎考古學家郭沫若説：「聞聽三國事，每欲到許昌」。況且在許昌出土了大量漢末三國的各種文物，是對三國這時代可實感的遺物。（參考中國農業博物館編《漢代農業畫像磚石》）

· 許昌郊外的嵩山

許昌位於潁河上游的平原，雨水豐富，土地肥沃，一直是中國中原地帶農業興旺的地方。而嵩山是中國著名五嶽之一的「中嶽」，以喻在天下之中，乃中原地區的地標。

· 四神柱礎

四神柱礎是宮殿柱的下的底座。上雕有青龍、白虎、朱雀及玄武（龜蛇），分別代表東西南北四個方位。

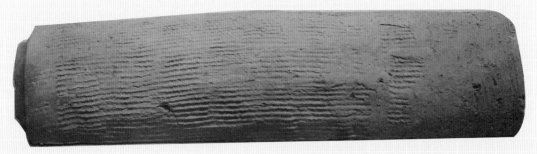

· 繩紋板瓦

板瓦是瓦的一種，瓦面較寬，彎曲的程度較小。漢代屋面覆瓦形式為筒、板瓦扣合狀態，板瓦仰置於屋頂，在屋瓦下面鋪置草板泥，然後覆瓦。圖中板瓦的其表面是凸面，呈繩紋狀，俗稱繩紋板瓦，這些板瓦流行兩漢期間。繩紋板瓦的設計作用是瓦體凸面有粗糙的紋飾，可以增大摩擦力，板瓦仰覆鋪置時與草板泥接觸面積更大，使板瓦固定更加穩定。

· 東漢洛陽出土的瓦當

雲紋瓦當是中國古代建築瓦當的重要紋飾，東漢至魏晉時期洛陽等地區的瓦當紋飾以雲紋圖案為主。學者對雲紋瓦當的意思有不同的看法。最合理的說法，當以中國古代建築以木結構為主，容易起火，雲紋瓦當在屋頂上象徵流動的水，反映當時人們鎮火祛災、祈求太平、永受嘉福享樂的意願。千秋萬世瓦當（左上）則寓意功業千秋萬世。

屯田
利民利軍

196 年曹操迎獻帝，更聽從棗祗的建議，責成韓浩和任峻推行了屯田制度，是一種很成功的經濟措施。

　　曹操推行「民屯」是其勢力壯大的關鍵。同時，曹操又推行「軍屯」。當時軍隊缺糧嚴重，曹操布置大部分軍隊在周圍「修耕植以蓄軍資」；招募流民，編制成屯田軍，墾荒屯田。這種既守備又從事生產的措施，稱為「軍屯」。

· 屯墾圖
曹軍隊主要駐紮於許昌，編制屯軍田和招募流民屯田墾荒。

有見亳和許昌推行屯田的成功，曹操陸續將屯田制度推廣到各地，結果不僅有足夠糧食，而且減少了繁重的運輸。後來征滅蜀漢的鄧艾，在 241 年建議駐在淮南和淮北的五萬魏兵，推行軍屯，開闢河渠，灌溉漕運，六、七年間積蓄糧食可供十萬人五年之用，是日後魏攻破孫吳的重要基礎。現在位於許昌和潁川兩縣的交界的地區，約佔地 3000 畝，有土夯建成的城牆遺址，稱張遼城，是當時張遼主持兵屯的兵營。

| 曹魏軍制 |

兵種		世兵制為主，徵兵及募兵為輔：騎兵、步卒、水軍
軍隊體制	中軍	武衛營、中領營、中戶營、中堅營、中壘營、越騎校尉營、屯騎校尉營、步兵校尉營、長水校尉營及射聲校尉營
	外軍	征東將軍、征南將軍、征西將軍、征北將軍、鎮東將軍、鎮南將軍、鎮西將軍及鎮北將軍
	州郡兵	州置州牧、郡置都尉
屯兵制	軍戶屯田	未服役的士卒及服役士卒家屬屯田按分成交租，戰時應服役頂補士卒即從軍。
	軍隊屯田	在營軍士分班輪種，耕戰結合，不交　。

| 屯田編制 |

類別	主官	級別	編制	田租
民屯	大司農	中央	按軍事編制，五十人一屯，在屯司馬的指揮下從事農業生產。	持官牛屯田者，官得其六，百姓四分。私牛屯官田者，與官中分。
	典農中郎將	大郡國		
	典農校尉	小郡國		
	典農都尉	縣		
	屯司馬	屯		
軍屯	度支尚書		五里置一營，一營六十個佃戶，且耕且戰。	
	度支中郎將			
	度支校尉			
	度支都尉			

東漢的農耕

中國自史前以至於清代，農業一直是最重要的生產。

　　以農立國，也是幾千年中國文明的主調。所以農政和相關農田水利以至耕作工具的改進，也是歷代王朝和社會最重視的。漢代是農業技術大發展的時期，尤其是鐵器的使用。這在漢末三國時期出土文物、畫像磚石，都可以反映出來。以下各種出土文物，反映其時第一產業諸如漁、牧、耕田及養蠶等工作面貌和狀況。這種農作的模式、工具和形式，在上世紀八九十年代，尚可在中國的農村中見到，只是大同小異。中國到二十一世紀，才真正走上工業化的文明，農業幾乎陪伴了整個中國歷史。

　　（參考孫機《漢代物質文化資料圖說（增訂本）》；王洪震《漢代往事：漢畫像石上的史詩》）

　　牛耕何時出現，說法不一，最早可追溯春秋時代。畫像石中分別有二牛一人耕、一牛一人耕不等。漢代，犁的主體構件亦齊備，分別有短轅犁、帶犁盤的犁、曲木下接犁鏵等。

農民駕帶犁盤的牛

·一人一牛耕地圖

農民駕帶長轅的牛

·一人一牛耕地圖

農民駕二牛，二牛帶枙扛式的犁

一人二牛耕地圖

農耕圖是甘肅嘉峪關魏晉墓壁畫，說明中原農耕技術已在河西地區有一定的發展。在上世紀八九十年代，尚未普及機械化的播種，在陝西渭水盆地及甘肅隴東黃土高原，仍採用這種耕種方式。

• 犁牛木雕明器

木雕明器由一頭木牛和一具木犁模型組成。木牛是牛犢，牛的鼻子上畫出了圓形的牛鼻。桊環是從牛的兩個鼻孔中間，打洞穿繩索或小木棍，迄今仍沿用這種方式控制牛。（甘肅省博物館藏）

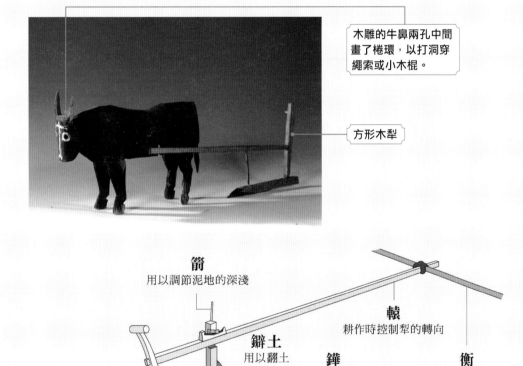

木雕的牛鼻兩孔中間畫了桊環，以打洞穿繩索或小木棍。

方形木犁

箭
用以調節泥地的深淺

轅
耕作時控制犁的轉向

鐴土
用以翻土

鏵
用來削土、碎土

衡
是架於牛頸上的橫木

鏵冠
是鏵前端最鋒利的部分

• 犁鏵使用圖

漢代鐵製農具在農業生產中已佔有主導地位，值得注意的是與牛耕有
關的鐵犁鏵的改進和廣泛使用，不僅堅固耐用，還可以提高生產效率。目
前，中國廣大地域都出土了漢代的鐵犁鏵及犁壁。

· 鐵犁鏵

出土的鐵犁鏵一般是中空的，前端部分較薄，
向後逐漸加厚。小的鐵犁鏵可以犁熟地，較大
的可開墾生荒地。（許昌博物館藏）

· 鐵犁鏡

農民為犁裝上犁鏡後，便有利於翻土，提高農
業產量。（許昌博物館藏）

· 鐵犁冠

鐵犁冠較常用在多沙石地區，對犁鏵刃部起保
護作用，可隨時更換。（許昌博物館藏）

· 鐵钁

鐵钁是一種用於起土、穿土及培土的工具，
可以鋤草及砍樹。形狀似斧頭，前端鋒利
扁平，向後逐漸加厚。（許昌博物館藏）

· 鐵鍤

鐵鍤又稱粗鐵钁，多為凹字形。可以鋤草
及作坑撒上種子，但不能翻土。（許昌博
物館藏）

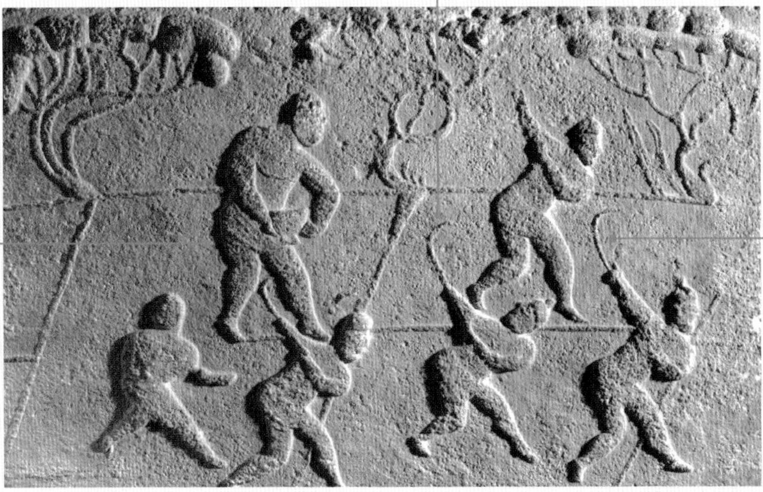
農民用鏺刈草
農夫撒播

· **除草播種圖**

農民通過牛和犁耕翻土，使土壤鬆軟，有利於農作物生長。耕耱之後便播種，包括有撒播、點播與條播三種。播下的種子出苗後，雜草亦生，農民用鋤或鏺去草。畫像石生動反映上述生產程序。

收穫後的糧食亦要進行去秕、脫殼以及磨粉等加工的工序，陶米碓明器模型說明碓用足代手踏杠杆以舉碓，工效得以提高。穀物被舂碓後，陶風車利用物理學原理製造風力吹走糠秕，藉以取得精米。漢代石磨有磨粉用的和磨漿用的兩種，在目前發現的三國吳時期的青瓷磨及丁奉墓陶磨，估計是乾磨，用作磨粉。

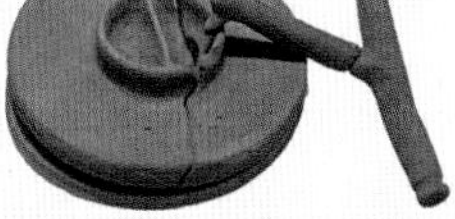

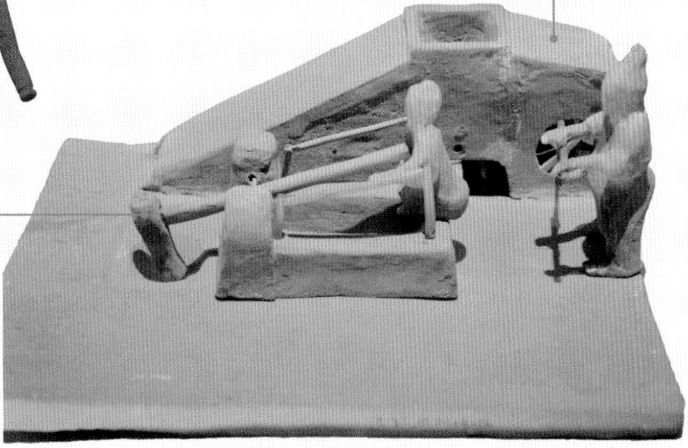
一人搖動風扇車吹走糠秕
一人用足踏杠杆以舉碓進行谷加工

· **陶米碓明器模型**

· 青瓷碓

· 青瓷磨

· 龍骨水車

水車又稱翻車，是一種灌溉工具。東漢靈帝時畢嵐發明翻車，三國時馬鈞予以完善；是由手柄、
曲軸、齒輪鏈板等部件組成。最先以人力為動力，後擴展為利用牲畜力、水力和風力。製作簡便，
提水效率高，一直沿用到現在。（許昌博物館藏）

另者，漢墓出土了陪葬的陶豬圈，可見當時養豬頗為普遍，最特別是豬圈在居家廁所旁邊，這種設計旨在方便收集人畜排洩物，用作耕種肥料。中國傳統農村一直如此，行之千年。

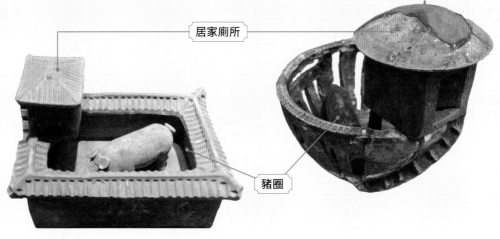

居家廁所

豬圈

· 陶豬圈

· 揚場圖

農夫將禾穗上碾下來的穀粒剷起揚到空中，借風力把塵土和碎芒殼等吹掉，稱為「揚場」。莊園內堆着穀物的農夫正在揚場，周圍有飼養的家禽。

· 採桑圖

中國是世界上最早飼養家蠶的國家。蠶絲是紡織品的原料，在漢代已出產質地優良的蠶絲，養蠶業在黃河中下游地區最盛。飼養家蠶的飼料便是桑樹，一女子手提籃子採擷桑葉、桑葚，一男子彎弓射獵驅趕雀鳥保護桑林。

參考書目

┃ 一、古籍

陳壽《三國志》

司馬遷《史記》

司馬光《資治通鑑》

趙翼《二十二史劄記》

┃ 二、近人論著

中國國家博物館編：《文物中國史‧秦漢時代》，第四冊（山西：山西教育出版社，2003 年）

中國國家博物館編：《文物中國史‧三國兩晉南北朝時代》，第五冊（山西：山西教育出版社，2003 年）

中國農業博物館編：《漢代農業畫像磚石》（北京：中國農業出版社，1996 年）

中國墓室壁畫全集編輯委員會編：《中國墓室壁畫全集——漢魏南北朝》（石家莊市：河北教育出版社，2011 年）

中國畫像石全集編輯委員會編：《中國畫像石全集——江蘇、安徽、浙江漢畫像石》，第四冊（鄭州：河南美術出版社，2000 年）

中國畫像石全集編輯委員會編：《中國畫像石全集——陝西、山西漢畫像石》，第五冊（鄭州：河南美術出版社，2000 年）

中國畫像石全集編輯委員會編：《中國畫像石全集——河南漢畫像石》，第六冊（鄭州：河南美術出版社，2000 年）

內蒙古文物考古研究所：《和林格爾漢墓壁畫》（北京：文物出版社，2007 年）

內蒙古文物考古研究所：《和林格爾壁畫孝子傳圖輯錄》（北京：文物出版社，2009 年）

王玉國、李德柱：《三國名城鎮江》（江蘇：江蘇大學出版社，2016 年）

王洪震：《漢代往事：漢畫像石上的史詩》（天津：百花文藝出版社，2012 年）

王繡、霍宏偉：《洛陽兩漢彩畫》（北京：文物出版社，2015 年）

方詩銘：《論三國人物》（香港：香港中和出版，2019 年）

中村圭爾、辛德勇：《中日古代城市研究》（北京：中國社會科學院出版社，2004 年）

任曉民：《亳州名城名勝》（香港：天馬圖書有限公司，2002 年）

李如森：《漢代喪葬禮俗》（瀋陽：瀋陽出版社，2003 年）

呂思勉：《三國史話》（香港：商務印書館，2009 年）

何茲全：《圖文本三國史》（香港：商務印書館，2013 年）

周長山：《漢代城市研究》（北京：人民出版社，2001 年）

東京富士美術館編：《大三國志展》（八王子：東京富士美術館，2008 年）

郝廣才主編：《圖說歷史三國》（台北市：遊目族文化事業有限公司，2015 年）

唐長孺：《魏晉南北朝史論集拾遺》（北京：中華書局，2011 年）

唐長孺：〈太平道與天師道札記十一則〉，《唐長孺文存》（上海：上海古籍出版社，2006 年）

徐德嶙：《三國史講話》（上海：羣聯出版社，1955 年）

孫機：《漢代物質文化資料圖說（增訂本）》（上海：上海古籍出版社，2011 年）

國立歷史博物館（中國）編輯委員會：《歷史博物館珍藏的漢代磚畫》（台北：國立歷史
博物館，1991 年）

堀敏一著，張恒怡譯：《曹操》（北京：北京聯合出版公司，2019 年）

賀西林、李清泉：《中國墓室壁畫史》（北京：高等教育出版社，2009 年）

勞榦：《秦漢史》（香港：華岡出版公司，1974 年）

鄭岩：《魏晉南北朝壁畫墓研究（增訂版）》（北京：文物出版社，2016 年）

劉毅：《中國古代物質文化史・陵墓》（北京：開明出版社，2014 年）

錢穆：《國史大綱》（香港：商務印書館，2021 年）

譚其驤：《長水集續編》（北京：人民出版社，1994 年）

龔學孺：《三國遺跡探秘》（北京：西苑出版社，1995 年）

大阪市立美術館：《特別展覽会：よみがえる漢王朝——2000 年の時をこえて 》（大阪市：
読売新聞大阪本社，1999 年）

桑原武夫：〈三國志與我〉刊載桑原武夫、落合清彥，《〈三國志〉的魅力》（日本聖教
新聞出版社出版，昭和 59 年）

渡邊精一：《一冊でわかるイラストでわかる図解三国志》（日本：大日本印刷株式會社，
2010 年）

劉煒：《図説三国志の世界》（東京：大修館書店，2001 年）

王子今：〈東漢的「學習型社會」〉，《讀書》，第一期，2010 年。

劉東成：〈安平東漢墓壁畫發掘簡報〉，《文物春秋》，1989 年 Z1，頁 70-77。

三國傳真

東漢衰落與群雄競起

第一冊

陳萬雄 —— 編著

監　　製：黃景強
編著助理：李鈞杰、劉集民
責任編輯：林雪伶
裝幀設計：Sands Design Workshop
繪　　圖：劉集民、Sands Design Workshop

出版
商務印書館(香港)有限公司
香港筲箕灣耀興道 3 號東匯廣場 8 樓
http://www.commercialpress.com.hk

發行
香港聯合書刊物流有限公司
香港新界荃灣德士古道 220-248 號荃灣工業中心 16 樓

印刷
美雅印刷製本有限公司
香港九龍觀塘榮業街六號四樓 A 室

版次
2021 年 7 月第 1 版第 1 次印刷
©2021 商務印書館(香港)有限公司

ISBN 978 962 07 5887 4

Printed in Hong Kong